OS VALDENSES

A HISTÓRIA DOS PROTESTANTES
QUE ANTECEDERAM A REFORMA

MAGNO PAGANELLI

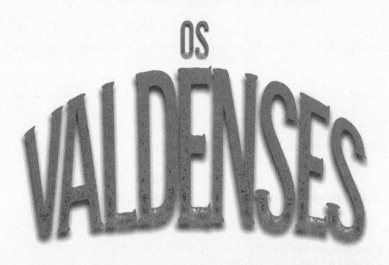

OS VALDENSES

A HISTÓRIA DOS PROTESTANTES
QUE ANTECEDERAM A REFORMA

Magno Paganelli

1ª edição

Santo André - SP - Brasil
2023

Todos os direitos desta obra pertencem a
Geográfica Editora © 2023 - www.geografica.com.br
Quaisquer comentários ou dúvidas sobre este produto escreva para:
produtos@geografica.com.br
O conteúdo desta obra é de responsabilidade de seus idealizadores.

Diretora editorial
Maria Fernanda Vigon

Editor chefe
Adriel Barbosa

Preparação de texto
Patrícia de Oliveira Almeida

Projeto gráfico e diagramação
Rafael Alt

Revisão
Marcelo Miranda
Nataniel Gomes
Nívea Soares

Capa
Rick Szuecs

SIGA-NOS NAS REDES SOCIAIS

 geograficaed   geoeditora

 geograficaeditora   geograficaeditora

P129v   Paganelli, Magno
           Os Valdenses / Magno Paganelli. – Santo André : Geográfica, 2023.

       128p. ; 16x23cm
       ISBN 978-65-5655-347-4

       1. Bíblia. 2. Reforma protestante. 3. Movimento valdense. 4. Valdo, Pedro. I. Título.

CDU 284.4

Quero externar um agradecimento muito especial ao Dr. Emmanuel Athayde, um amigo com quem tive a honra de lecionar no Seminário Betel Brasileiro. Foi ele que me provocou a escrever este livro e forneceu material de pesquisa sobre os valdenses, cujo resultado você tem em suas mãos. Muito obrigado por tudo!

Sumário

Cronologia 11
Prefácio 17
Introdução 23

1 Contexto 29
2 À sombra de uma Igreja guerreira 43
3 Quem foi Pedro Valdo? 53
4 Origem e história inicial dos valdenses . 71
5 Perseguições 93

Juntos, como testemunhas 117
Referências bibliográficas 121

CRONOLOGIA[1]

839 D.C. Cláudio, bispo de Turim, é queimado na fogueira por ação de protestos apaixonados contra a igreja medieval. Em 1805, quando Napoleão pergunta ao moderador da Igreja Valdense: "Quanto tempo faz desde que você se tornou uma igreja independente?", ouve a seguinte resposta: "Desde a época de Cláudio, bispo de Turim".

1120 Uma antiga declaração de fé dos valdenses antecede Calvino, Lutero e Pedro Valdo.

1165 Os valdenses escapam das perseguições na França fugindo para os vales do Piemonte, onde encontram irmãos de mesma opinião, com quem se identificam e passam a edificar-se mutuamente na fé.

1173 Pedro Valdo, rico comerciante de Lyon (França), experimenta um forte quebrantamento espiritual que o leva a investir parte de sua riqueza na tradução de trechos das Escrituras Sagradas do latim para o francês. Ele então assume a causa do evangelismo. Ele e seus seguidores se autodenominam "os pobres de espírito", mas logo se tornam conhecidos como "os pobres de Lyon".

---

1 Adaptado da obra Waldensian Trail of Faith. Disponível em: <https://www.waldensiantrailoffaith.org/waldensian-timeline> Acesso em: 17.07.2020, nossa tradução.

1179	Concílio de Latrão, ocasião em que os valdenses foram admitidos pelo papa Alexandre III.
1184	Quando Valdo e seus seguidores ignoram repetidas advertências do arcebispo de Lyon para pararem de pregar, seu castigo é a excomunhão e o exílio. Valdo encontra refúgio entre os cristãos de mesma opinião nos vales valdenses da Itália, os quais reconhecem seu zelo pelo evangelismo e o aceitam como líder.
1218	Os pobres de Lyon e os pobres lombardos do norte da Itália juntam forças em Bérgamo, ganhando maior solidariedade com o movimento valdense e um quadro organizacional de evangelização mais robusto. Por fim, a Escola das Barbas (ou Barbados) é estabelecida para melhor servir a essa missão apostólica.
1487	A Guerra de Cataneo contra os valdenses é iniciada pela declaração do papa Inocêncio VII, que anuncia: "Quem matar um valdense terá perdão por seus pecados e o direito de manter qualquer propriedade tomada de sua vítima".
1487–1689	Os valdenses lutam 33 guerras para defender sua fé.
1532	Os valdenses se juntam à Reforma no Sínodo de Chanforan e contratam Olivétan para traduzir a Bíblia para o francês, como presente para a Reforma.

3 DE JUNHO DE 1535 A BÍBLIA FRANCESA DE OLIVÉTAN É IMPRESSA EM NEUCHÂTEL, NA SUÍÇA.

1555	Os valdenses obtêm permissão para construir suas primeiras igrejas.

CRONOLOGIA

1558   O primeiro Sínodo valdense (assembleia geral) é realizado.

1561   O Tratado de Cavour concede aos valdenses a tolerância de sua fé. Embora frequentemente quebrado, esse tratado, pela primeira vez, assegura a um grupo religioso o direito de professar uma religião diferente de seu governante.

1650   Charles Emmanuel II, duque de Saboia, ordena a remoção dos valdenses do Piemonte e a "redução de seus números" para se ajustarem aos limites de suas antigas fronteiras territoriais nos vales.

17 DE ABRIL DE 1655   "A Páscoa piemontesa". Os exércitos italiano e francês, sob o comando do traidor Marquês de Pianezza, desencadeiam um massacre de tanta brutalidade e barbárie que toda a Europa protestante se levanta em protesto contra o duque de Saboia e o rei Luís XIV, da França.

6 DE AGOSTO DE 1663   Todos os valdenses são declarados rebeldes e condenados à morte, mas montam uma firme defesa. Os mediadores suíços convencem o duque de Saboia a emitir a Patente de Turin (24 de fevereiro de 1664), permitindo mais uma vez que os valdenses usufruam liberdade de culto dentro de seus vales.

1685   Luís XIV exige que seu primo, Victor Amadeus II, duque de Saboia, destrua a Igreja Valdense por abrigar protestantes franceses nos seus vales.

31 DE JANEIRO DE 1686   Guerra de Catinat. Sob o comando de Catinat, os exércitos italiano e francês avançam sobre os vales, empenhados em promover abate e destruição desenfreada. Apesar da resistência corajosa, nove mil valdenses são mortos e oito mil homens, mulheres e crianças são presos (dos quais milhares morrem). Por meio da intervenção suíça, 2.700 sobreviventes podem marchar através dos alpes congelados para o exílio na Suíça.

16 DE AGOSTO DE 1689 O pastor Henri Arnaud lidera um grupo de novecentos valdenses combatentes em uma trama ousada para retomar sua terra natal, na Itália.

1 DE SETEMBRO DE 1689 "O Juramento de Sibaud". Os valdenses juram lealdade uns aos outros para lutar até a morte, até que todos os seus vales sejam recuperados.

23 DE MAIO DE 1694 Victor Amadeus II emite um decreto que restabelece oficialmente os valdenses em seus vales e reconhece sua liberdade religiosa.

1698-1804 Embora as guerras tenham cessado, a plena liberdade civil e religiosa permanece ilusória para os valdenses, que continuam a sofrer severas restrições, dependendo de quais governantes estão no controle.

1827 O general John Charles Beckwith visita os vales e ali permanece, a fim de construir escolas e financiar pessoalmente as mensalidades dos estudantes valdenses para frequentar a faculdade, na Suíça.

1844 O rei Charles Albert é calorosamente recebido pelos valdenses em uma visita aos vales e tem uma fonte erguida em sua homenagem, em Torre Pellice.

CRONOLOGIA

17 DE FEVEREIRO DE 1848 O Edito da Emancipação, assinado pelo rei Charles Albert, concede aos valdenses sua liberdade civil.

1848-1893 Finalmente, os valdenses desfrutam de alguma liberdade, sem o medo constante de serem saqueados por soldados e morrerem. Mas sua vida permanece amplamente restrita ao gueto de seus vales.

1858 Início da migração dos valdenses para o río de la Plata (Uruguai e Argentina), dando origem à principal comunidade valdense fora da Itália.

1871 As cidades da Itália são consolidadas em um país unificado. Os valdenses estabelecem um seminário em Florença, que em 1922 se mudará para Roma, onde permanece até hoje.

1893 A superpopulação e a fome forçam muitos valdenses a deixar seus amados vales em direção a outros países.

29 DE MAIO DE 1893 O primeiro grupo de 29 valdenses chega ao condado de Burke, fundando Valdese, na Carolina do Norte.

20 DE JUNHO DE 1893 Os colonos celebram o primeiro pão assado em seu novo forno comunitário. Os fundos para o forno foram arrecadados pelas mulheres que visitavam igrejas próximas, vestindo seus trajes tradicionais valdenses e cantando hinos franceses.

8 DE MAIO DE 1901 A indústria chega a Valdese (Waldensian Hosiery Mill), inaugurando, assim, uma nova era de produção e prosperidade, tanto para a cidade quanto para o município.

Pedro Valdo

PREFÁCIO
Valdismo — uma tradição que merece ser melhor conhecida

O convite para prefaciar esta obra me fez lembrar as situações em que os valdenses cruzaram o meu caminho. Por volta de 2012, deparei-me com a afirmação de Émile Léonard de que as igrejas valdenses são "as mais antigas igrejas evangélicas da Europa, logo, do mundo".[1] Cerca de cinco anos depois, encontrei um antigo hinário valdense entre os alfarrábios da Primera Iglesia Presbiteriana de Santiago de Chile. Nessa mesma época, no âmbito do simpósio "As outras faces da Reforma Protestante", o pessoal do Núcleo de Estudos do Protestantismo (NEP), da Universidade Presbiteriana Mackenzie, me encomendou uma palestra sobre os discípulos de Pedro Valdo. Mais recentemente, mantive contato com Darío Barolin e Javier Pioli, valdenses uruguaios, o que culminou no capítulo de Pioli que integra o volume que organizei com Rosana Ricárdez sobre o movimento reformado na América Latina.[2] Não acredito que tais circunstâncias ocorreram por acaso. Na realidade, regozijo-me de que a providência divina tenha me levado a refletir sobre esses protestantes de origem medieval e, agora, pela aparição do livro do doutor Magno Paganelli.

Os valdenses são relativamente conhecidos no meio protestante. Qualquer livro de história da igreja cristã que se preze

---

1 Veja "Le protestantisme italien", em *Revue de l'Evangélisation* (1952), p. 50. Disponível em português: O protestantismo italiano. In: *Combates pela história religiosa: reforma e protestantismo na visão de Émile Léonard*. São Paulo: Editora Mackenzie, 2019, p. 35-57.
2 PIOLI, J. Javier. "Iglesia valdense en el Río de la Plata: de la nostálgica diáspora al sendero propio", em *Rostros del calvinismo en América Latina: presbiterianos, reformados, congregacionales y valdenses* (Santiago de Chile: Primera Ediciones y Mediador Ediciones, 2021), p. 113-130.

dedica-lhes algumas linhas no contexto da chamada "pré-Reforma", sendo comum encontrá-los junto a John Wycliffe e Jan Huss. O problema é que dificilmente voltam a ser mencionados depois da Reforma. Inclusive, pode-se ficar com a impressão de que deixaram de existir. Dá-se, então, o fenômeno que também acomete o protestantismo posterior aos séculos 16 e 17: raramente conhecemos a sua história. Esse fato sugere que basta sabermos as origens de uma tradição para nos sentirmos suficientemente informados a seu respeito. Assim, os valdenses são relegados ao passado remoto, o que nos impossibilita de conhecer seu passado recente e vinculá-lo ao nosso tempo. Não sem razão, alguém já sugeriu que o protestantismo é uma história mal contada.[3]

O presente livro reúne cinco capítulos. No primeiro, destaca-se o contexto em que emergem Pedro Valdo e seus seguidores, período em que surgem algumas influentes ordens religiosas — dominicanos e franciscanos, por exemplo — e os movimentos de pré-Reforma. A importância dessa seção reside no fato de situar os valdenses como uma das manifestações reformistas do cristianismo medieval.

A época das Cruzadas e a saga dos cruzados são abordadas no capítulo seguinte, tornando evidente como o espírito das guerras religiosas marcou a atitude da hierarquia romana em relação aos "pobres de Lyon". Segundo alguns autores, as perseguições levaram alguns valdenses a refugiar-se nas montanhas do que hoje é a fronteira França-Itália, juntando-se às populações pré-reformistas dos vales alpinos.

Os capítulos três e quatro tratam do fundador do movimento e de como este se organizou à margem da igreja institucionalizada. Por último, vemos como as perseguições se confundiram com a própria história do valdismo e forjaram muito de sua identidade.

---

3 VIRAÇÃO, Francisca Jaquelini de Souza. *Protestantismo, uma história mal contada*. Curitiba: Editora Prismas, 2017.

PREFÁCIO 19

Não me resta dúvida de que esta obra terá o seu lugar na estante de todos os que se interessam pelas minorias religiosas. Pelo menos quatro motivos me fazem pensar assim:

1. Carecemos de textos sobre grupos que, por razões diversas, não se instalaram no Brasil. Esse é o caso dos valdenses, que se encontram estabelecidos nos dois lados do Río de la Plata (Uruguai e Argentina) desde a segunda metade do século 19.[4] Nessa mesma categoria, podemos citar, entre outros, a Igreja Reformada da Holanda do Suriname, a Igreja dos Irmãos Morávios em certos lugares da América Central e a Alianza Cristiana y Misionera no Chile.

2. Os valdenses, antes mesmo da aparição de João Calvino como reformador, se vincularam à Reforma Suíça e fazem parte da tradição reformada. É necessário recordar que possuem laços históricos com os reformados suíços e franceses, que praticam o sistema de governo representativo-federativo (próprio das igrejas reformadas e presbiterianas) e que estão entre os membros fundadores da Aliança de Igrejas Presbiterianas e Reformadas da América Latina (AIPRAL).[5]

3. A trajetória dos discípulos de Valdo pode nos ensinar muito sobre os caminhos e descaminhos do movimento protestante. A perseverança diante das perseguições, a sobrevivência como minoria étnica[6] e religiosa em um contexto absolutamente hostil (Itália), o apreço pela

---

4 A Igreja Valdense não se estabeleceu no Brasil como tal. No entanto, sabe-se que, em alguns lugares do Rio Grande do Sul, valdenses oriundos do Uruguai ou mesmo da Itália se vincularam à Igreja Metodista Episcopal. Veja: ALVES, Leonardo M. *Valdenses no Brasil*. Disponível em https://ensaiosenotas.com/2017/02/17/valdenses-no-brasil/ Acesso em: 22 de dezembro de 2021.
5 Organizada em 1966.
6 Durante séculos foram considerados apátridas.

história dos seus antepassados — bem preservada[7] —, sua índole ecumênica e estética litúrgica podem servir-nos de inspiração; por outro lado, o alinhamento com as pautas do "politicamente correto" é um alerta para todos nós. O que leva a mais antiga vertente protestante a dobrar-se diante dos apelos da pós-modernidade? A resposta a essa pergunta pode ser útil aos demais grupos evangélicos.

4. Foi entre alguns italianos de origem valdense radicados nos Estados Unidos que Luigi Francescon converteu-se à fé evangélica, no fim do século 19. Anos depois, ele veio a ser um arauto do pentecostalismo e o disseminou na Argentina, no Brasil e na Itália. Em nosso país, sua influência resultou na Congregação Cristã do Brasil. Conhecer mais sobre os valdenses lança luz sobre o papel dos italianos no nascente pentecostalismo brasileiro, italianos que, segundo certo estudioso, são "a face esquecida pela história da imigração".[8] Ademais, conhecê-los melhor pode aguçar nossa curiosidade em relação aos seus tesouros. Já em 1932, Erasmo Braga lamentou o fato de que a maioria dos missionários em atividade no Brasil pouco sabia da literatura religiosa produzida pela elite intelectual protestante na França e na Itália, países de língua latina como o nosso.[9]

---

7   Os valdenses fundaram sua casa editora (Claudiana) em 1855 e desde então ela tem abastecido o grupo com literatura teológica e histórica. Vale também mencionar que a Società di Studi Valdesi (antiga Société d'Histoire Vaudoise), fundada em 1881, sempre exerceu um papel importante. No Uruguai, de 1935 a 1963, funcionou a Sociedad Sudamericana de Historia Valdense. A editora e essas sociedades históricas produzem (ou produziram) livros, revistas e boletins que mantêm o passado vivo para as novas gerações.

8   Veja PEREIRA, João Baptista Borges. Italianos no protestantismo brasileiro: a face esquecida da história da imigração. In: *Revista USP*, n. 63, set.-nov. 2004, p. 86-93.

9   BRAGA, Erasmo; GRUBB, Kenneth G. *The Republic of Brazil: A Survey of the Religious Situation* [A República do Brasil: Um levantamento da situação religiosa] (London: World Dominion Press, 1932), p. 114-115.

Felicito o autor por essa contribuição à bibliografia protestante e espero que os leitores sejam fortalecidos em sua fé pelo testemunho dos valdenses, os guardiões de uma tradição que merece ser mais conhecida.

Marcone Bezerra Carvalho
Pastor da Primera Iglesia Presbiteriana de Santiago de Chile e candidato a PhD em História pela Universidad de los Andes (Chile)

Símbolo dos Valdenses

Introdução

Lux lucet in tenebris [A luz resplandece nas trevas].
Antiga divisa valdense

Durante anos, décadas talvez, temos ensinado, escrito e comemorado a história da Reforma Protestante, um marco na história da Igreja, especialmente para o ramo que tem sido apontado como "divisor" ou "divisionista", os protestantes. Nessas histórias contadas, nomes como Lutero e Calvino têm sido apontados como os grandes luzeiros daquele movimento amplo, que cobriu não somente a teologia, mas também a economia, os costumes e a vida social. Para que o movimento pudesse ser desencadeado, os reformadores receberam influências de diferentes setores da sociedade europeia e se tornaram o ápice de diversos interesses, seculares, populares e religiosos.

Além dos reformadores, como os dois apontados (há muitos outros), também existiram os pré-reformadores, indivíduos que deram contribuições particulares de grande importância e repercussão, como Girolano Savonarola, John Wycliffe, Jan Hus e outros. E houve os grupos ou movimentos pré-reformistas que, de modo orquestrado ou agindo em coordenação, também tiveram importância singular para a construção desse que foi um dos mais marcantes e representativos momento na história da Igreja.

Durante muito tempo, tanto os indivíduos quanto os movimentos que se somaram para fomentar a Reforma foram considerados marginais e heréticos. Muita gente morreu injustamente por tais acusações. Ainda hoje, a tradição católico-romana os tem nessa categoria e trabalhos de pesquisa recentes reafirmam uma visão distorcida e enviesada do que de fato eles representaram para o desenrolar dos acontecimentos. Até mesmo em alguns livros de história do protestantismo, um ou outro desses grupos e personagens tem recebido pouquíssima atenção, merecendo anotações bastante superficiais que por vezes não chegam a uma página. Laura Thomé, que dissertou sobre os valdenses dentro de uma ótica catolicista, notou esse quase silêncio na literatura protestante ao comentar: "[...] estranhamos que os valdenses, tão importantes na literatura confessional protestante não merecessem mais que poucas linhas na maioria das obras que consultamos".[10]

Quando começamos uma investigação que fosse além dos textos já conhecidos no Brasil, olhamos mais de perto e procuramos outras fontes menos populares e fontes ainda não publicadas no país, foi quando notamos uma literatura especializada e aprofundada sobre uma história rica, entusiasmante e robusta desse grupo. Entendemos que era preciso dedicar tempo e esforço para compreender e traçar melhor e mais honestamente o perfil, a essência, o propósito e o papel que também eles tiveram na história da Igreja. Foi dessa maneira que nasceu esta obra.

Pretendemos passar em revista a trajetória de um dos movimentos que deram grandes contribuições para a eclosão da Reforma, se não de maneira direta, ao menos inegavelmente carregou muitas das marcas distintivas do movimento maior que sacudiu a Europa no século 16.

A bem da verdade, a história dos valdenses ainda tem passado ao largo dos principais nomes do período, mas hoje sabemos que suas contribuições foram fundamentais e profundas; esta obra

---

10 THOMÉ, 2004, p. 6.

INTRODUÇÃO

procura demonstrar isso e como tais contribuições ainda são vistas entre nós no Sul Global.

Embora hoje seja um pequeno grupo em certas regiões da Itália e no nosso vizinho Uruguai, a Igreja Valdense reúne um número substancial de seguidores e uma das trajetórias mais belas e comoventes da história. Perseguições, perseverança, seriedade, dedicação, severidade, mortes, coragem, são muitos os adjetivos que podemos utilizar para marcar cada fase ou etapa do surgimento, da atuação e presença desse grupo:

> O século 12, semelhantemente a todo período do despertar espiritual, testemunhou o aparecimento de muitos pregadores, mestres e movimentos que não couberam na estrutura hierárquica e nas doutrinas da Igreja Católica. Alguns desses movimentos se distanciaram muito daquilo que havia sido chamado tradicionalmente de fé cristã [...]. Todos estes movimentos, exceto um – aquele dos Valdenses –, conduziram a um resultado semelhante – condenados pela igreja e perseguidos pelas autoridades, eles eventualmente desapareceram.[11]

As raízes da história dos valdenses podem ser identificadas entre os séculos 9 e 10, seguindo, como dissemos, até os nossos dias. Assim, fizemos um recorte cronológico do início dos rumores do seu aparecimento até a Reforma Protestante, no século 16, quando os valdenses já tinham uma consolidada rede de "instituições", como destaca J. A. Wylie:[12]

---

11 GONZALEZ, 2004, p. 179.
12 A rigor, ao mencionar essa rede de igrejas e centros religiosos, Wylie está descrevendo a expedição do Lord La Palu em Douphine. Na mesma época, Albert Cataneo, arquidiácono de Cremona, legado do papa, investiu contra os cristãos no outro lado dos Ales, no Piemonte, em 1488.

> Antes da revogação do Edito de Nantes[13] [...] os valdenses destes vales [isto é, Pragelas, e os vales laterais ramificando-se a partir dele] possuíam onze distritos, dezoito igrejas e sessenta e quatro centros religiosos estabelecidos, onde eram celebrados os cultos de manhã e à noite, como em muitas aldeias. (WYLIE, 1860, p. 25)

Com esse recorte cronológico, procuramos estabelecer as contribuições dadas pelos valdenses em duas vias. Primeiramente, no fomento dado para que as ideias reformistas caminhassem pelos séculos que precederam a data histórica de 1517, quando Lutero afixou as suas teses na porta do Castelo de Wittenberg, fazendo "estourar" a Reforma que já vinha, como dissemos, sendo desejada pelo clero, pela aristocracia e pela população em geral e construída ao longo de séculos, por contribuições individuais e coletiva.[14]

Em segundo lugar, ampliaremos o foco sobre esse movimento para vermos que não foram poucos os cristãos que se incomodaram com as práticas da Igreja majoritária, como também a manifestação não foi localizada nem circunscrita apenas aos grandes centros, como Wittenberg.

O grupo que conhecemos por "valdense" ainda esconde a natureza real de suas origens, ora sendo apresentado como a população dos vales[15] alpinos, ora como descendentes ou seguidores de Pedro Valdo (ou Waldo). Porém, sendo ou não precisa a sua

---

13 O Edito de Nantes foi um documento histórico assinado em Nantes, na França, em 13 de abril de 1598 pelo rei da França Henrique IV. O edito concedia aos huguenotes (calvinistas franceses) a garantia de tolerância religiosa após 36 anos de perseguição e massacres por todo o país, com destaque para o massacre da Noite de São Bartolomeu de 1572, quando morreram dezenas de milhares de huguenotes na noite de 23 para 24 de agosto.
14 Antônio Gouveia Mendonça dividiu em pelo menos três as reformas protestantes no século 16: A *Reforma luterana*, iniciada por Lutero, com ênfase na justificação pela fé; a *Reforma calvinista*, implantada por João Calvino a partir de 1536, com ênfase na predestinação e na graça irresistível; a *Reforma anglicana*, marcada pela independência da Igreja da Inglaterra do poder do papado, iniciada com o rei Henrique VIII, a partir do ano de 1534, e retomada mais tarde por seus sucessores.
15 J. A. Wylie informa que os vales valdenses, sete ao todo quando ele os visitou, eram mais numerosos no passado, mas os limites do território de Vandois sofreram repetidas intervenções. O primeiro é Luserna, ou vale da Luz; o segundo é Rora, ou vale dos Orvalhos e o terceiro é Angrogna, ou vale dos Gemidos (WYLIE, 1860, p. 7).

INTRODUÇÃO

origem, uma coisa é bem certa. Nas palavras de Luis Jourdan, autor do *Compendio de Historia de los Valdenses*:

> Levavam uma vida simples; eram modestos na maneira de vestir-se, fugiam do luxo; não se dedicavam ao comércio para não serem expostos à mentira e à fraude. Viviam do seu trabalho e quase todos os pastores tinham um trabalho para ganhar o seu sustento; não amontoavam riquezas, conformando-se com o necessário; eram moderados no comer e no beber, e não frequentavam as tabernas nem os bailes para evitar a distração [das coisas de Deus]. Distinguiam-se pela simplicidade de sua fé, a pureza de sua vida e a integridade de seus costumes. Em resumo, tratavam de seguir todo o exemplo dos apóstolos e de Jesus Cristo, cabeça e chefe da Igreja.[16]

Além disso, sabemos que os valdenses admitiam o Credo dos Apóstolos, o Antigo e o Novo Testamento e, em linhas gerais, as doutrinas estabelecidas na Patrística, opondo-se às inovações de Roma. Admitiam a Trindade e aceitavam que o pecado entrou no mundo por meio de Adão, que somente em Cristo se poderia alcançar a paz e a justiça, mas não as confundiam com as estruturas sociais do seu tempo, ensinando que Cristo morreu para salvar aqueles que nele cressem e ressuscitou para justificá-los.

Como um grupo assim pode ser confundido com hereges pelos protestantes? Não é compreensível. Há que se conhecer mais sobre eles, e devemos admitir que esse grupo nos interessa tanto quanto Lutero ou Calvino. Na ocasião da Reforma, os valdenses se alegraram e alguns dos "barbas" (veja cap. 4) procuraram os reformadores para apresentar a situação da igreja nos vales e pedir conselhos.

---

16 JOURDAN, 1901, p. 16.

Assim sendo, é preciso abrir as cortinas e apresentar um (novo) relato da história dos valdenses para o público brasileiro, protestante e católico, e fazer jus a todo esforço, sofrimento e perseguições por que passaram a fim de defender a fé que uma vez foi dada aos santos (Jd 1.3), conforme a simplicidade e por vezes sofisticação das ideias e do procedimento habitual desse grupo que ainda hoje existe em diferentes países.

I
CONTEXTO
"Tão grande nuvem de testemunhas"

Uma obra importante e pouco considerada sobre o início da Igreja, *Vozes do Cristianismo primitivo*, tem o seguinte subtítulo: "O Cristianismo como movimento que celebra sua unidade na diversidade, feito por indivíduos comuns, rumo à institucionalização". Assim como a fé cristã se organizou pela interação de comunidades e pessoas comuns, mais tarde eclodiu na Europa a convergência de movimentos menores, que no todo ficou conhecida como Reforma Protestante.

Para além de Lutero e Calvino, o movimento que originou a Reforma Protestante teve muitos outros protagonistas. Muitos cristãos acreditam que o movimento reformista ocorreu da noite para o dia, a partir de uma manifestação de conservadorismo inspirada por Deus em um monge corajoso, o que desencadeou a santificação de todos os verdadeiros cristãos até o dia de hoje. Mas, o que conhecemos pelo rótulo genérico da "Reforma" tem raízes bastante antigas em relação ao ano de 1517, quando se acredita que Martinho Lutero fixou a sua *Disputatio*,[17] ou 95 teses, na porta do Castelo de Wittenberg, na Alemanha.

O papel de Lutero não foi pequeno, seu gesto coroou os esforços empenhados séculos antes por outros religiosos e atendeu não somente às expectativas de grupos na Igreja, mas também a interesses econômicos, políticos e sociais de setores da sociedade.

---

17 Do latim, *Disputatio pro declaratione virtutis indulgentiarum* [Disputa sobre o poder das indulgências; trad. livre]. Escrever taís "disputas" era o trabalho cotidiano de um teólogo.

A presença e influência de Lutero eram notáveis em outras áreas da vida comum, como por exemplo o seu envolvimento em questões como a Guerra dos Camponeses (1525), em que foi o mediador entre o clero, os proprietários de terra e os trabalhadores do campo.[18]

Mas o início da ideia do movimento a que nos referimos foi anterior ao século 16 de Lutero. Na Igreja do Oriente, a concepção de isolamento como protesto remonta ao cenobita Pacômio (286–346 d.C.) e Antônio (ou Antão, 250–356 d.C.), no Egito, o movimento dos pais (ou padres) do deserto. No Ocidente, o nome a ser lembrado é Bento de Núrsia (480–542 d.C.), o criador das *Regras Beneditinas*. Porém, foi o século 9, com a maior decadência do papado, que as sementes da renovação brotaram na vida monástica, tal como vista em Cluny. A partir de 910, na França, o mosteiro que leva o mesmo nome influenciou movimentos semelhantes na Inglaterra e na Itália.

Fundado por Guilherme, o Pio, Cluny se tornou modelo para outros mosteiros, liderando um movimento de reforma monástica por sua dinâmica e influência. Atuou, por exemplo, contra problemas da Igreja, tais como a simonia (compra de cargos no clero), o nicolaísmo,[19] a quebra do celibato — por casamento ou concubinato — e a prestação de contas ao papa, e não ao bispo local, já que este era aliado ao poder temporal

---

18 Lutero tem sido acusado de fomentar a Guerra dos Camponeses. Em sua obra *Contra as hordas de ladrões e assassinos camponeses*, ele escreveu: "rogando para que as autoridades 'esmagassem, trucidassem e apunhalassem' os rebeldes". (LINDBERG, 2017, p. 197). Governantes podiam, sem culpa, matar os camponeses, já que a manutenção da ordem era um mandamento divino. Muitos que viam em Lutero um representante e símbolo de libertação frustraram-se. Mas os impressores da obra, ao imprimirem o novo texto juntado ao anterior ("Exortação à paz: resposta aos doze artigos dos camponeses da Suábia"), tiraram a palavra "outro" de "Exortação à paz e contra as hordas de ladrões e assassinos de [outros] camponeses". A ideia é que a primeira parte fosse dirigida aos camponeses "bons" e a segunda aos camponeses "maus". Isso fez parecer que Lutero se voltou radicalmente contra o homem comum, gerando todo o mal-entendido e a estimativa de que cem mil pessoas morreram.

19 Parece-nos que entre outras características, a doutrina nicolaíta concebeu a ideia de uma casta especial e superior na Igreja, o chamado clero. Indo além, formou-se a ideia de uma hierarquia eclesiástica dentro do clero. A doutrina foi chamada nicolaíta a partir de meados dos séculos 9 e 11, e consistia no modo de viver de sacerdotes, diáconos e subdiáconos que, seguindo o exemplo de Nicolas ou Nicolau, pretendiam casar-se e queriam viver de forma licenciosa. Foram condenados pelo Concílio de Plasencia em 1095. Veja NICOLAITAS. In: *Enciclopedia de la religión católica*. Barcelona: Dalmany Jover Ediciones, 1953, v. 4.

CONTEXTO

local, modelo típico do feudalismo. As tensas relações nesse período estão claras e, segundo Laura Thomé, que pesquisou a história dos valdenses, "ficou clara a divergência de interesses entre o papado, desejoso de implementar a teocracia pontifícia, e o Imperador, ansioso por formar um núcleo de poder abrangendo a Borgonha, portanto Lyon, sé de maior importância e longa tradição".[20]

Quando estourou a Era das Cruzadas, o clero, moralmente deficiente, e o aparente "empenho" ou "zelo" espiritual dos cavaleiros do papa levaram ao surgimento de organizações cristãs insatisfeitas, as reformas monásticas e as ordens mendicantes dos frades (os "irmãos"), que viviam sob o modelo proposto por Jesus Cristo, em Mateus 19.21: "Se você quer ser perfeito, vá, venda os seus bens e dê o dinheiro aos pobres, e você terá um tesouro nos céus. Depois, venha e siga-me."

A explicação do surgimento das ordens mendicantes pode ser encontrada na mudança e sobrevalorização da moeda corrente em detrimento do sistema de escambo. O feudalismo era o modelo regular que, então, entrava em declínio. Havia pressão para a descentralização do poder que envolvia a Igreja e os bispos locais e os senhores feudais e seus vassalos. A esse tempo começava a formação das cidades; havia intensificação da atividade manufatureira, o que demandava a especialização dos artesãos e forçava o aumento da produção e o acúmulo de riqueza para alguns.[21] Com isso, a inclinação pela possibilidade de enriquecimento enfraqueceu o fervor espiritual entre uma parcela da população e até mesmo do

---

20 THOMÉ, 2004, p. 7.
21 "Nos séculos IX e X as antigas cidades haviam se deteriorado. Os grandes centros comerciais haviam desaparecido e com eles a classe mercantil. Com o desenvolvimento do comércio a longas distâncias, os comerciantes iniciaram a formação de bases permanentes. As cidades começaram a emergir, em tamanho e em importância, como novos centros comerciais, baseadas em razões econômicas e com o apoio da classe média. Como uma consequência natural da base econômica dessas novas cidades, os comerciantes começaram a se envolver na política. O desejo era na direção de um autogoverno e de efetivar a quebra de todos os laços políticos e do poder dos bispos e dos nobres". PORTELA NETO, F. Solano. Jerônimo Savonarola: Reformador Teológico ou Contestador Político? In: *Fides Reformata* 2/1, 1997, p. 5.

clero, além do seu notável baixo nível moral (simonia, procrastinação, filhos bastardos e ganância).[22]

As ordens mendicantes surgiram, então, como reação a esse espírito mercantil efervescente. É nesse contexto que elas são justificadas e Pedro Valdo é apresentado por Justo Gonzalez como "precursor de São Francisco [de Assis], com a grande diferença que em sua época a igreja ainda não estava pronta para aceitar os novos ideais, como estaria uma geração mais tarde, quando surgiu o santo de Assis".

E foi com Francisco de Assis e os franciscanos e dominicanos que as ordens mendicantes chegaram ao seu ponto mais elevado.[23] Pierre Chaunu também comparou ambos: "Foi sempre nítido um paralelismo, à partida, entre a vida de Pierre Valdès e a de São Francisco de Assis. Um mesmo meio urbano mercantilista, um mesmo apelo à perfeição através da pobreza, uma mesma distância em relação ao 'aparelho' clerical."[24]

Se por um lado os problemas da Igreja eram difíceis de serem disfarçados, por outro lado havia grupos inconformados e dispostos a dar uma contribuição palpável para que a fé cristã na Europa fosse depurada de suas diversas inconsistências.

"Cães de caça"

Daqueles grupos, merecem destaque os cistercienses, grupo de natureza monástica, iniciado em 1098 em Citeaux, na França, por Bernardo de Clairvaux ou Claraval (1090–1153), seu membro mais ilustre. Os cistercienses tiveram governo centralizado, como Cluny, agregando nada menos do que 530 mosteiros até fins do

22 GONZALEZ, 1981, p. 109.
23 GONZALEZ, 1981, p. 110.
24 CHAUNU, 1975, p. 210.

CONTEXTO

século 12. O movimento corrigia rigorosamente a falta de disciplina entre os monges e adotava a extrema simplicidade, atraindo, assim, os camponeses.

Os franciscanos, de orientação mendicante, remontam a Francisco de Assis (1182–1226), na Itália. Eram religiosos que faziam votos de pobreza, viviam entre o povo (diferentemente dos monges), pregavam e promoviam as missões em regiões da Espanha, Egito, Constantinopla, Pérsia, Índia e China. Os frades franciscanos construíram hospitais durante o tenebroso período das pragas, como a peste negra, na Europa. Apelavam para as necessidades do coração e usavam o lema "é dando que se recebe; é perdoando que somos perdoados; e é morrendo que despertamos para a vida eterna". Ugolino, que se tornou o papa Gregório IX, cujo pontificado durou de 1227 a 1241, era admirador de Francisco de Assis, e viu na ordem franciscana (*Friars Minor* ou "Irmãos Menores") uma ferramenta da igreja para preencher as lacunas e os lugares ocupados pelos seguidores de Arnaldo, Valdo e os cátaros. A mensagem de pregação e "pobreza apostólica" seria uma tentativa de reformar a igreja nesse aspecto, fazendo uso do serviço piedoso dos franciscanos.[25]

> Como os gnósticos na igreja primitiva, os cátaros defendiam que o universo é cenário de um eterno conflito entre dois poderes, um bom, outro mau. A matéria, incluindo o corpo humano, é trabalho desse poder mau, o deus do Antigo Testamento. Ele havia, afirmavam, aprisionado a alma humana em um corpo terreno. [...] O Deus bom, pensavam, enviara Cristo para revelar o caminho da salvação para o homem; Cristo, para um cátaro, não era um ser humano, mas um espírito vivificante. Um Cristo

---

25 SHELLEY, 2004, p. 241.

humano era uma impossibilidade, e a salvação pela morte na cruz era impensável.[26]

Outro grupo que se destacava eram os dominicanos. Eles integravam uma ordem mendicante, fundada por Dominique ou Domingos de Gusmão (1170–1121), um nobre espanhol. Suas últimas palavras refletem a filosofia geral do movimento: "Mostrar a caridade, manter a humildade, aceitar a pobreza". O ascetismo e a simplicidade eram a base de sua prática, e usavam a argumentação ao apelar para a mente e a persuasão intelectual, a fim de convencer os considerados hereges. De tão diligentes, ficaram conhecidos como "os cães de caça do Senhor", por sua persistência e capacidade em localizar focos de heresia e ignorância.

É preciso distinguir, ao menos em termos relativos, o conceito de heresia à época. Essa heresia propriamente dita, segundo considerações de Laura Thomé, era a discussão da:

> ideia de uma reforma medieval, com a profunda crise que atinge a cristandade medieval: a insatisfação com as práticas religiosas da época, o desejo de retornar à simplicidade da *vita apostolica* e a agitação provocada na sociedade e na Igreja por aqueles que punham em prática esses desejos de mudanças, bem como daqueles que os combateram.[27]

Os dominicanos ganharam posição estratégica na Universidade de Oxford (1227) quando Roger Bacon, professor local, juntou-se à ordem. Em 1220, o papa lhes entregou a supervisão da Inquisição, que julgava secretamente todos os considerados hereges.

---

26 SHELLEY, 2004, p. 237. Nesse ponto, o autor indica que Arnaldo Brescia e Pedro Valdo eram hereges como os cátaros, mas Valdo e Arnaldo por recusarem-se a submeter-se à autoridade da Igreja, enquanto "os cátaros rejeitavam não apenas os papas e bispos como o cristianismo básico".
27 THOMÉ, 2004, p. 13.

CONTEXTO

No entanto, a partir de 1252, os dominicanos foram autorizados a torturá-los para, segundo diziam, "convertê-los". Esse era o ambiente em que o advento dos valdenses aconteceu.

Todavia, o panorama social e religioso que propiciou a Reforma não se estendeu apenas aos estratos elevados da Igreja, uma Igreja impositiva, como podemos ver. Houve movimentos leigos, com destaque para dois, ambos ocorridos na França. O primeiro foram os albigenses ou cátaros.

> [...] por cátaros, que em grego significa puros, tendo sido assim denominados pelo abade Egberto de Shonaugen (Eckbert de Shonau) em Colônia, na Germânia, mas também por outras denominações, como patarinos, *publicani*, Bourges, por confusões com os católicos da pataria milanesa, os paulicianos ou bogomilos (localizados na Bulgária, donde Bourges). Além desses, são também conhecidos pelo nome de albigenses, em referência à cidade de Albi.[28]

Tendo surgido em Albi, os albigenses consideravam-se "puros" (Hans Küng os chama de "neomaniqueístas") e tentavam seguir os ensinos do Novo Testamento. Tinham ideias dualistas e ascéticas, como os maniqueístas. E de fato eram. O papa Alexandre III logo percebeu a diferença entre o "dualismo fundamental anticristão" do catarismo e a fraternidade dos pobres de Lyon e considerou esses últimos "aliados úteis".[29]

A salvação, para os albigenses, era a liberação da luz divina sobre a alma e a libertação do corpo, algo próximo às ideias gnósticas. Assim, condenavam as guerras, o casamento e até o ato de comer. Levavam uma vida de pobreza, celibato e vegetarianismo.

---

28 THOMÉ, 2004, p. 69.
29 CHAUNU, 1975, p. 211;

Os cátaros foram condenados durante o Concílio de Latrão, em 1179, ocasião em que os valdenses, foram admitidos pelo papa Alexandre III. Os valdenses puderam realizar parte dos seus objetivos e o papa usou a energia deles para combater o que era considerada a heresia cátara na região lionesa.[30]

> No Sínodo de Verona (1184), a condenação aos cátaros foi renovada, enquanto que os valdenses foram arrolados pela primeira vez, contudo, tendo persistido na livre pregação e na estrita pobreza evangélica — os cátaros ao organizarem-se como Igreja haviam modificado sua crença, abandonando a pobreza absoluta — com um discurso cada vez mais agressivo ao clero, foram daí por diante, confundidos, muitas vezes, com os adeptos do catarismo, sendo todos, igualmente, tratados por albigenses.[31]

Nesse "Sínodo de Verona [...] quando foram declarados hereges [os valdenses ainda] não tinham como objetivo separar-se da Igreja, pois já tardiamente, em 1212, após terem sido submetidos a condenação (1184), ainda solicitam a Inocêncio III que os reconheça como Ordem".[32][33]

---

30 THOMÉ, 2004, p. 72.

31 THOMÉ, 2004, p. 72. A autora ainda diz mais sobre a decretal produzida em Verona: "[...] a decretal *Ad Abolendam* que serviria, mais tarde, segundo alguns autores, de modelo para a constituição da Inquisição. Legislação dura, onde o Papa Lucio III anatematiza todos os hereges discriminando-os por seus nomes (cátaros e patarinos e aqueles que chamam a si mesmos com o falso nome de humilhados ou *pobres de Lyon*, os passaginos, josefinos e arnaldistas), bem como aqueles que se entregam à livre pregação sem terem sido para isso indicados pela Santa Sé ou pelo bispo local, e aos que creem e ensinam de forma diversa à da Igreja, em relação aos sacramentos da eucaristia, do batismo, matrimônio e da penitência e confissão de pecados". (THOMÉ, 2004, p. 57-58)

32 THOMÉ, 2004, p. 15.

33 Embora reúna farta pesquisa historiográfica, não concordamos completamente com a abordagem de Laura Thomé (2004) em sua pesquisa, uma vez que o seu viés é católico, e em seu juízo considera os valdenses um grupo herege, uma característica que não se sustenta de acordo com a nossa perspectiva. A autora diz, entre outras afirmações de mesma natureza: "Não nos esqueçamos, no entanto, que todos os estudiosos recomendam que não se faça essa confusão, pois são duas heresias diversas, que pouco têm em comum" (THOMÉ, 2004, p. 72). Outra obra publicada no Brasil por uma editora protestante, há alguns anos, também inscreve os valdenses na mesma categoria, tomando como fonte o relato de um inquisidor: "Os valdenses tendiam a se aproximar dos albigenses, os begardos dos espirituais, ou seja, os Irmãos do Espírito Livre. Os valdenses eram o tronco original dos heréticos deste tipo. Um inquisidor narrou detalhadamente sua origem [...]". (DEANESLY, 2004, p. 275).

Contexto

1179 – Concílio de Latrão, ocasião em que os valdenses foram admitidos pelo Papa Alexandre III.

Os valdenses, nome dado a um grupo associado ao nome de Pedro Valdo, de Lyon, tentaram reformar a Igreja por dentro. Eles foram acolhidos pelo papa Luciano, embora fossem proibidos de pregar. Em 1184, o grupo foi excomungado e desde então sofreu forte perseguição. "A pregação não autorizada de Valdo logo encontrou a oposição obstinada do arcebispo de Lyon, que lhe ordenou que parasse. Valdo se recusou, citando são Pedro: 'É preciso obedecer antes a Deus do que aos homens!' (At 5.29). O arcebispo o excomungou."[34]

Para os valdenses, entre os principais "pecados" estava a intermediação do clero. Os valdenses iam além, negando a existência do purgatório e o valor das orações aos santos. Causaram muito barulho nos meios em que estiveram presentes e foram acusados

---
34 SHELLEY, 2004, p. 235.

de rejeitar todos os aspectos físicos da Igreja, como templos, cemitérios e altares, sem falar da condenação a elementos como água benta, liturgias, romarias e indulgências.

Sobre o caminho para a salvação, doutrina primordial no Cristianismo, os discípulos de Valdo focalizavam mais o sofrimento e a pobreza do que a graça de Deus. Luigi Francescon, fundador da Congregação Cristã no Brasil — uma gigante pentecostal surgida em 1910 no país —, fez parte de uma igreja valdense na Itália, país que ainda hoje conserva comunidades ligadas ao movimento, assim como o nosso vizinho Uruguai.

Fé e fogueira

O período escolástico (entre os séculos 11 e 14) e o surgimento das universidades no Ocidente viram o engrandecimento de nomes como Anselmo de Cantuária (1033-1109), que desenvolveu o princípio da "fé que procura conhecer"; Abelardo (1079-1142), que afirmou que "nada pode ser crido sem ser entendido"; além do "doutor angélico" Tomás de Aquino (1224-1274). Entre o povo leigo houve o movimento místico de reação contra a decadência da Igreja. Para seus adeptos, o homem não necessitava da mediação de um sacerdote para chegar-se a Deus. Nesse ponto, anteciparam um dos postulados da Reforma, embora valorizassem mais a experiência interior subjetiva do que a Bíblia.

Nos dois séculos anteriores à Reforma Protestante, os pré-reformadores, de certo modo "individualmente", fizeram um trabalho essencial. John Wycliffe (1328-1384) é um deles. Graduado em Oxford, ele considerava que o papado bíblico deveria consistir numa vida de pobreza e humildade dedicada ao serviço da Igreja. Wycliffe pregou contra o suposto perdão concedido pela Igreja por meio de indulgências, as peregrinações e a adoração a imagens. Foi considerado tão incômodo ao clero que, depois de sua morte, seus

CONTEXTO

restos mortais foram exumados e queimados como forma de punição, e as cinzas, lançadas no rio Swift.

Jan Huss (1369–1415) formou-se dez anos após a morte de Wycliffe. Ácido em suas críticas, colocou nas paredes da universidade onde lecionava pinturas retratando a figura de Cristo andando a pé, com o papa garbosamente montado a cavalo. Outros desenhos irônicos mostravam Jesus lavando os pés dos discípulos, enquanto os pés do pontífice eram beijados. Tal representação não era um exagero. Gregório VII (Hildebrando), papa em 1073, havia declarado que a Igreja Romana "[...] foi fundada pelo próprio Deus; somente o papa romano tem o direito de ser chamado universal e somente ele pode usar a insígnia imperial; somente seus pés podem ser beijados por todos os príncipes".

Huss pregou contra as indulgências que Roma vendia para financiar sua guerra contra Nápoles. Ele teve o fim reservado a muitos mártires da fé cristã; foi queimado na fogueira da Inquisição, com o *requinte* de uma coroa adornada com figuras de diabinhos.

Monge dominicano que denunciava o luxo e a avareza dos poderosos como uma contradição à fé cristã, Girolamo (ou Jerônimo) Savonarola foi outro nome importante que viveu no século 15. Sua mensagem era de enfrentamento aos governantes e poderosos, de modo que também ficou conhecido por sua devoção, até ser enforcado e queimado.

No entanto, não podemos perder de vista que ambos os "lados", isto é, a instituição vigente bem como os seus críticos, os "pré-reformadores", tinham suas "fraquezas" ou deficiências em sua teologia. O próprio Savonarola pouco ou nada fez do ponto de vista doutrinário para dirimir os problemas que apontou na estrutura hierárquica da Igreja, após tê-la rejeitado, bem diferente do procedimento de Lutero ou Calvino.[35] A bem da verdade, a

---

35 Veja PORTELA NETO, F. Solano. Jerônimo Savonarola: Reformador Teológico ou Contestador Político? In: *Fides Reformata* 2/1, 1997.

"tensão" entre posições distintas — ou seja, entre a posição oficial da instituição e qualquer outra visão que lhe fosse complementar ou divergente — sempre marcou a reflexão teológica cristã, o que se acentuou anos depois com a Reforma.

Como na Alemanha, quando Lutero fez o movimento eclodir para o mundo no dia 31 de outubro de 1517 (segundo a tradição), a Suíça também teve a sua Reforma. E ela foi protagonizada por nomes como Ulrico Zuínglio (1484—1531). Foi ele quem expulsou os vendedores de indulgências dos seus territórios, desaconselhou os soldados a saírem da cidade para a guerra e opôs-se à autoridade papal. Zuínglio admirava Lutero, mas divergia dele na questão da eucaristia. Para Lutero, Cristo de fato estava presente nos elementos — o dogma da transubstanciação, até hoje observado pelo catolicismo —, enquanto Zuínglio considerava o sacramento como um memorial de fé.

Zuínglio atacou atitudes que enfraqueciam a fibra moral da Igreja e logo passou a ser comparado a Lutero, embora ambos não tivessem contato. As divergências com a Igreja Romana levaram tropas das regiões católicas a matá-lo.

Todavia, um dos nomes mais expressivos depois de Lutero é, sem dúvida, João Calvino (1509—1564), o reformador genebrino. Este francês de Noyon estava de passagem por Genebra quando foi convencido por Guilherme Farel a não partir da cidade. Ele acedeu ao pedido e logo a cidade se tornou um importante centro de produção teológica e civismo, além de servir de refúgio para protestantes que fugiam da fúria romana e das perseguições dos católicos leigos. Calvino sistematizou a sua teologia, enfatizando a soberania de Deus como parte central. Suas ideias tiveram grande influência sobre a vida social, ampliando, assim, o alcance da Reforma para além da religião.

A predestinação não era o ponto de partida de seu pensamento, mas consequência do seu conceito de majestade de Deus. Zuínglio a considerava parte da providência. Sobre a ceia, diferiu de Lutero e Zuínglio ao afirmar que Cristo está presente espiritualmente nela. Calvino desenvolveu, ainda, o modelo de Igreja baseado em anciãos ou presbíteros, no qual o povo é representado por leigos. Sua obra clássica, *Institutas da Religião Cristã*, foi escrita para o rei Francisco I, da França, em defesa dos protestantes daquele país, a quem considerava desrespeitados.

Passado e presente

O ambiente da Reforma ainda produziu movimentos como o dos anabatistas, ou "rebatizadores", cujo nome mais ilustre foi Menno Simons, líder dos menonitas, além de outros líderes com significativa importância ou expressão. Dentre esses estão Filipe Melâncton (1497-1560), assistente de Lutero; Martin Bucer (1491-1551), "o pacificador da Reforma", que influenciou o puritanismo inglês; Olavo (1493-1552) e Lars Petri (1499-1573), que, influenciados por Lutero, levaram a Reforma à Suécia; Jacques Lefevre (1455-1536), sacerdote francês que proclamou a autoridade da Bíblia e publicou uma edição completa da obra em seu idioma.

A Inglaterra teve João Colet (1467-1519), que rejeitou os excessos de alegorização da Bíblia, reiterando o seu valor literal. Já o alemão João Reuchlin (1455-1522) publicou a primeira gramática hebraica-cristã no ano de 1506, estabelecendo o estudo da língua judaica no Ocidente. E, por fim, Erasmo de Roterdã (1466-1536), o humanista, que entre suas obras como erudito está a importante edição do Novo Testamento em grego, lançada em 1516.

Parafraseando o texto de Hebreus 12.1, tão grande nuvem de testemunhas só poderia deixar um legado inestimável à cristandade. Quando, em 2017, se celebrou os 500 anos da Reforma Protestante, as igrejas ao redor do mundo prestaram tributo a pessoas comprometidas com os esforços para transformar constantemente a Igreja, que, no Brasil, tem uma de suas mais numerosas e vigorosas representações. O gigantismo que leva a Palavra de Deus aos quatro cantos do país é, também, marcado por enormes problemas. Não se pode sacralizar ou subestimar um período ou outro, as dificuldades do passado ou as do presente. O que importa é manter firme a disposição de pensar e repensar as questões que desafiam a Igreja em nosso tempo. Precisamos ser a geração que também fornece nomes a serem lembrados pelos cristãos do futuro, aqueles que herdarão o fruto do nosso trabalho no Senhor.

2
À SOMBRA DE UMA IGREJA GUERREIRA

O período das Cruzadas (1095–1291) e além

Os quase dois séculos, entre 1095 e 1291, são uma mancha na história da humanidade e do Cristianismo. O combate à ocupação da Terra Santa feita pelos árabes islâmicos, além de outros centros cosmopolitas, como Constantinopla, atacados pelos exércitos cruzados a mando do papa, gerou tensões onde antes não existiam e acarretou desgastes que se estendem até os nossos dias entre ambas as comunidades religiosas. Além disso, foi um dos episódios mais controvertidos na história da Igreja. Foi à sombra desses eventos ou empreendimentos conhecidos como "as Cruzadas" que ocorreram diversos desdobramentos na Europa cristã, incluindo o movimento valdense.

Após uma preleção do papa Urbano II no Concílio de Clermont, em 27 de novembro de 1095, a multidão de ouvintes foi encorajada a libertar Jerusalém do controle muçulmano e colocá-la sob domínio cristão. Chamados de "os cruzados" por causa da cruz estampada em seus estandartes e escudos, os membros daqueles exércitos participariam da guerra de reconquista da Terra Santa como forma de penitência pelos pecados. Com isso, receberiam o perdão da Igreja como forma de indulgência. A multidão acatou a sugestão e os pelotões foram compostos não somente de soldados da nobreza, mas também por aventureiros gananciosos, inescrupulosos e muitos outros movidos por razões diversas.

44 Os valdenses

Entre os objetivos anunciados estavam remover os muçulmanos do controle na Terra Santa e impedir o avanço do Islã, sanar o Cisma ocorrido em 1054 entre as duas alas da Igreja (Ocidental latina e Oriental grega) e proteger os peregrinos, tarefa que coube aos Cavaleiros Hospitalários (na Cruzada de 1113), aos Cavaleiros Templários (em 1118) e aos Teutônicos (século 12). Após as Cruzadas, esses cavaleiros continuaram a servir como exércitos permanentes a serviço da cristandade e dos interesses da nobreza, evidentemente.

Os resultados obtidos, no entanto, foram as derrotas que provocaram novas guerras e o enfraquecimento do feudalismo na Europa. Nobres proprietários de terras não retornavam e suas terras foram vendidas para os camponeses. A Europa abriu-se para novas ideias: arte, filosofia, ciência e literatura árabes. Houve incremento do comércio (novas rotas comerciais para transporte dos bens de consumo, seda, especiarias, perfumes do Oriente Médio), o crescimento das cidades, e o papa passou a ser visto como senhor militar ou senhor da guerra. Posteriormente, seu poder, influência e prestígio foram enfraquecidos em decorrência dessas iniciativas. No século 13, havia na Europa 55 cidades com mais de dez mil habitantes.[36]

A literatura sobre o período e tudo que o envolveu (motivações, alianças, "desvios" de objetivo, percalços etc.) é ampla. Embora em alguma medida a ação dos cruzados diga respeito à presença cristã na Terra Santa, envolvendo a presença de peregrinos, não é difícil desmontar essa alegada motivação. Não consideraremos fundamental tecer maiores comentários para a sequência da presente história, apenas queremos situar histórica e socialmente o ambiente religioso do período que nos interessa.

A literatura acadêmica é farta e bem pesquisada, o que torna

---

36 THOMÉ, 2004, p. 2.

À SOMBRA DE UMA IGREJA GUERREIRA

dispensável a nossa atenção sobre esse movimento. Limitaremos o estudo à indicação de alguns nomes de cristãos devotos que peregrinaram para a Terra Santa no auge das Cruzadas, lembrando que o fluxo de europeus para a região diminuíra drasticamente.

Seawulf (1102–1103)

A rica história das peregrinações cristãs para a Terra Santa informa sobre diversos peregrinos e reúne um vasto material a respeito do cenário amplo da região e seus costumes. A viagem do peregrino Seawulf data de julho de 1102 a setembro de 1103. Diz-se que foi anglo-saxão, um monge ou abade cristão. Há historiadores que o identificam como um *merchan* britânico,[37] enquanto o tradutor da história da peregrinação de Seawulf para o inglês diz não ser possível afirmar que fosse um clérigo ou jurista, mas garantiu ser um homem piedoso.[38] O seu nome também é incerto; poderia ser um "nome de guerra", algo como "sea dog", já que "wulf" era uma terminação comum para nomes britânicos.[39]

O seu "diário de bordo" resume-se a indicar brevemente os locais de embarque e desembarque, associando-os, quando muito, a fatos da história religiosa e secular, e a eventos recentes. Nesse sentido, ele indica já haver conflito entre cristãos e turcos numa cidade "toda em ruínas, que é chamada St. Mary Mogronissi",[40] que significa *Long Island*. Nesse lugar, os turcos haviam expulsado os cristãos de "Alexandria".[41] As edificações e igrejas indicavam ter havido ali uma comunidade de cristãos antes da presença turca.[42]

---

37 GARNETT, 2000, p. 1.
38 SEAWULF, 1892, p. viii.
39 SEAWULF, 1892, p. vii.
40 Compare a semelhança entre as pronúncias. O tradutor para o inglês acreditou ser uma referência a *Macronisos*, que seria aplicado à atual ilha Kekova, no Sudoeste da Turquia, de fato, uma ilha comprida (Long Island, makpo-nhso», *transl.* macro-nesos).
41 O nome correto é Alexandretta, atual Iskenderun, na Turquia.
42 SEAWULF, 1892, p. 4.

46 OS VALDENSES

Em seu diário, muito espaço foi gasto com os percalços e acidentes no mar devido ao mau tempo e à fúria das ondas. Logo após o seu desembarque em Jafa, foi avisado de que havia se livrado de uma grande tempestade e, caso demorasse mais a chegar, talvez jamais teria visto terra firme novamente.

Na manhã seguinte, após o término do serviço religioso, ouviram grande gritaria e muito barulho das ondas do mar. Correram para a praia e viram algo que disseram nunca ter visto. As ondas cobriam a praia e escalavam pedras e colinas por perto, trazendo mercadorias em grande quantidade, pois provavelmente a embarcação trazia comerciantes, e viram também diversos pedaços do navio. Além disso, corpos de homens, mulheres e crianças, todos afogados, em grande número, ao menos mil, calculou. "A maior miséria, em um único dia, que nenhum olho jamais viu."[43]

Por terra, os perigos não foram diferentes. Na viagem de dois dias para Jerusalém, Seawulf reclamou dos sarracenos,[44] sempre mentindo sobre tudo, espreitando os peregrinos nas montanhas, nas cavernas, prontos a atacar e assaltar grupos pequenos ou qualquer um que se desgarrasse devido ao cansaço da viagem. Além do mais, feras, provavelmente leões, atacavam os viajantes a ponto de ser possível encontrar vários corpos, na estrada e fora dela, insepultos.[45]

Durante as Cruzadas, algumas "ordens" se destacaram pela presença em Jerusalém. Fundada em 1099, uma dessas ordens foi a dos Cavaleiros Hospitalários,[46] que fez do hospital próximo à Igreja Latina de Santa Maria a sua base. Próximo da Igreja do Santo Sepulcro, o hospital funcionava junto ao mosteiro que,

---

43 SEAWULF, 1892, p. 7-8.
44 Modo como os cristãos chamavam os árabes ou muçulmanos na Idade Média, especialmente aqueles que eram da Península Ibérica (ou mouros).
45 SEAWULF, 1892, p. 8.
46 Os Cavaleiros Hospitalários se tornaram uma ordem militar em 1118.

posteriormente, foi consagrado a São João Batista. Seawulf relata ter ido ao local onde ambos funcionavam.[47]

Seawulf percorreu os pontos clássicos que um peregrino deveria visitar, fazendo as mesmas descrições que lemos em outros itinerários de viagens à Terra Santa, ora associando a textos das Escrituras, ora a tradições populares entre os católicos. O último ponto visitado foram as fontes do Jordão, "cujas águas eram brancas como leite, mais do que qualquer outro rio no mundo", nascendo aos pés do "monte do Líbano"[48] (referência ao monte Hermom).

De Jafa, ele partiria tranquilamente para casa, "na quarta--feira depois de Pentecostes",[49] mas quando iniciaram a navegação foram cercados por "vinte e seis navios sarracenos [que] apareceram", da frota do Almirante das cidades de Tiro e Sidom, que navegavam "em direção à Babilônia com um exército [a bordo] para ajudar os caldeus na tomada de guerra contra o rei de Jerusalém".[50] Já era sentido o calor das tensões das Cruzadas que iniciaram no período.

Peregrinos anônimos (séculos 11 e 12)

Entre os séculos 11 e 12, o século das Cruzadas, um número (relativamente grande) de peregrinos partiu de suas terras cristãs na Europa rumo à Palestina, ainda antes da queda do Reino Latino em Jerusalém. Aubrey Stewart (1894) reuniu oito relatos em um volume, nem todos com histórias interessantes.

Algo que fica patente em grande parte dessas narrativas é a separação entre as tradições cristãs que aparece em expressões

---

47 SEAWULF, 1892, p. 14.
48 SEAWULF, 1892, p. 26.
49 Talvez 17 de maio de 1103.
50 SEAWULF, 1892, p. 27, tradução nossa.

48

como "capela pertencente aos gregos" e "capela pertencente aos armênios". Ainda hoje essa separação prevalece e é possível comprar mapas em Jerusalém onde se vê tal divisão na demarcação dos bairros, na cidade velha. Em algumas igrejas onde não foi possível separar o controle do edifício, há horários determinados para o serviço religioso de uma e de outra tradição, chegando a ocorrer, em alguns casos, três missas: romana, armênia e grega.[51]

O sexto peregrino do relato de Aubrey Stewart aponta primeiramente os franceses: "são homens bélicos, exercitados nas armas, andam com a cabeça descoberta e são os únicos de todas essas raças que raspam a barba. Eles são todos chamados Latinos, porque usam a língua latina. Eles são católicos puros".[52] Mas também há os gregos, os sírios ("acostumados à guerra"), os armênios ("há um ódio irreconciliável entre eles e os gregos"), os geórgicos ("permitem que seus cabelos e barbas cresçam por muito tempo e usam chapéus de um côvado [ca. 45cm.] de altura"), jacobinos, nestorianos, e os latinos, que estão divididos em germanos, espanhóis, gauleses, italianos e em "várias outras nações que a Europa produz".[53]

Os italianos são elogiados por suas leis, ordem e habilidade em praticamente todo tipo de luta e em procedimentos no mar. Além disso, possuem "duas casas religiosas, a saber: o Templo e o hospital", e são "abundantemente ricos", possuem prédios em toda a Europa e usam a riqueza nas suas guerras. O relato do peregrino chama a atenção para o modo como os templários e os hospitalários lutam lado a lado: Templários à direita na frente de batalha e os Hospitalários à esquerda. A essa altura da narrativa, é mencionado o patriarca de Jerusalém, o "pai da fé para os cristãos".[54]

---

51 O Peregrino "V. 2" observa e se detém nessa divisão (STEWART, 1894, p. 27).
52 STEWART, 1894, p. 27, tradução nossa.
53 STEWART, 1894, p. 29.
54 STEWART, 1894, p. 29-31.

Peregrinos anônimos (séculos 11 e 12)

Outro peregrino na obra de Aubrey Stewart, chamado de V. 2, fala da fauna como nenhum outro antes dele. Diz que foi possível ver "muitos animais", como leões, leopardos e "um animal feroz e superior chamado de onça, de cujo rugido nada pode estar seguro, e dizem que até o leão o teme".[55] Havia também babuínos, "que eles chamam de cães-selvagens, mais ferozes do que os lobos", e camelos e búfalos em abundância.

Sobre a flora, diz haver "árvores belas de todos os tipos que crescem sobre a terra". Entre aquelas que nomeia está a tamareira, uma árvore chamada "árvore do Paraíso, com folhas acima de dois metros de comprimento e cerca de 30 cm de largura".[56] Essa árvore dá um fruto cuja largura é maior que o comprimento[57] e tem gosto de mel. Há também limoeiros, "cujo fruto é ácido". Em virtude da explicação, notamos não haver limoeiros na região natal de nosso escritor. Também fala da tal "maçã de Adão, na qual os dentes de Adão são claramente vistos, cana de açúcar e arbustos que são semeados como o trigo, de onde o algodão é colhido".[58]

A madeira de cedro também foi vista pelo peregrino, bem como o seu fruto,[59] cujo tamanho era como a cabeça de um homem e apresentava três sabores: "um na casca, que é amarga; um abaixo da casca, na sua carne, que é insípido; e um no caroço, que é ácido".[60] Por fim, fala de um tipo de figueira que dá seus frutos, não entre as folhas, mas brotando do tronco. O seu relato encerra com notas sobre os diferentes nomes das cidades da região, o nome antigo usado no tempo dos judeus (ou antes, como no caso de Jerusalém: Jebus, depois Salém) e o nome posterior, dado pelos

---

55 STEWART, 1894, p. 34, tradução nossa.
56 STEWART, 1894, p. 34.
57 Oblongo.
58 STEWART, 1894, p. 34, tradução nossa.
59 O peregrino faz a ressalva de que o cedro do Líbano é uma árvore mais alta, mas que não dá fruto, ao passo que o cedro da costa é menor, porém dá fruto.
60 STEWART, 1894, p. 35, tradução nossa.

À SOMBRA DE UMA IGREJA GUERREIRA

romanos ou mesmo por cristãos, como foi o caso de Lydda, que os cristãos rebatizaram como St. George.

À sombra de um papado guerreiro e de uma nova elite de soldados, uma multidão cristã seguiu sua marcha de fé peregrina, com suas superstições e crendices, mas preservando costumes que haviam herdado de séculos de elaborações simbólicas. Embrenhados nessa multidão estavam homens e algumas mulheres inconformados com a clara discrepância entre os ideais de pobreza, simplicidade e devoção e aquilo que o clero praticava no âmbito da fé e nas relações de poder, fosse em relação aos monarcas ou agora na fúria por conquistas e domínio, por meio da guerra.

Por esse tempo, o combate àqueles que fossem considerados hereges cabia "ao braço secular" dos príncipes. Depois "da morte de Frederico, na Cruzada em 1190, a continuidade dos conflitos do papado [se deu] com seu filho Henrique VI e seu neto, Frederico II". No "apogeu da teocracia pontifícia com Inocêncio III e, o atendimento feito ao apelo ao braço secular por príncipes católicos como Pedro II de Aragão, [acabou] que [foram levados à] fogueira os primeiros mártires valdenses".[61]

---

61 THOMÉ, 2004, p. 9.

3
QUEM FOI PEDRO VALDO?

*O pior que pode ser dito sobre eles, é que detestam
a Igreja Romana.*

Reiner de Sectis,
caçador de hereges e inquisidor, sobre os valdenses

Quando pensamos em um movimento que causou algum incômodo ao clero romano, logo nos vem à mente o dos valdenses que, como normalmente acontece a todo movimento, reflete as ideias e leva o nome de seu líder. Assim, os valdenses podem derivar seu nome, como investigou W. S. Gilly,[62] de "Valdo, Waldo, Valdès, Valdesius, Valdius, Valdensis, Waldeius e Waldensis".[63] Valdès ou Valdo parece ser a denominação correta para esse indivíduo que teve seu primeiro nome associado ao grupo; o que não parece ser certa é a origem ou localização onde os seus seguidores reuniram-se inicialmente. Não há um consenso, talvez menos ainda indícios, sobre as menções ao nome Pedro — por que ocorrem, como e onde ocorrem pela primeira vez.

Gilly indica que "Petrus [Pedro] ocorre [...] pela primeira vez em um livro latino de Pedro de Polichdorf [em nada

---

62 William Stephen Gilly (1789–1855) encabeçou as tentativas inglesas de ajudar os valdenses, incluindo a criação de uma faculdade para treinar seus pastores. Tornou-se um notável agitador da reforma social no Nordeste da Inglaterra, onde foi vigário de Norham e prefeito da Catedral de Durham, tendo trabalhado nesta cidade para aliviar a pobreza local e defender os hindus e os trabalhadores itinerantes da região das fronteiras. Ele publicou muitos livros e artigos e escreveu uma das principais histórias sobre Pedro Valdo e os valdenses.
63 GILLY, 1841, p. 42.

semelhante a Valdès ou Valdo], escrito durante a segunda metade do século XIV".[64] Entre as opções que sugerem o local de nascimento de Pedro estão nomes como Vaud, Vaux, Vaudram. Acrescentam-se alternativas como Walden e Val-Grant, além da região montanhosa entre Mont Dauphiné e Briançon, chamada Vaux de Rame.[65]

A pesquisa de Laura Thomé nos informa que "no verbete Valdo e Valdesi, na *Enciclopedia Cattolica*, a origem do nome, do francês vulgar Valdes, é dada como derivada de um vilarejo do Delfinado, onde teria nascido, Vaux-Milieu, sendo que Pedro ou Pierre só teria sido agregado a seu nome tardiamente, por volta de 1368".[66]

Se inicialmente há dúvidas sobre a origem de seu nome e o local de ascendência, maiores são as questões que podem ser levantadas sobre a data de seu nascimento, sobre a qual há um silêncio nos documentos e na historiografia.[67]

Um ponto de partida considerado autêntico, apontado como "a primeira menção [...] ao reformador gálico", surge na *Chronicle of Laon*, publicada em 1173.[68] Na obra, Pedro aparece como de fato o temos conhecido: um cidadão da região galaica de Lyon (ou Lião), na atual França. À época, a região era "importante local de comércio, na divisa entre a Borgonha (feudo do Santo Império) e o reino franco, submetida ao domínio feudal de seus bispos".[69] O texto diz que Pedro era cidadão de considerável riqueza, que teria sido acumulada "pela prática de usuras".[70] Thomé assevera ter sido "um representante da burguesia mercantil".[71]

Por ser uma pessoa de posses, seria plausível supor que ele levasse uma vida tranquila em relação a preocupações naturais

---

64 GILLY, 1841, p. 42.
65 GILLY, 1841, p. 44.
66 THOMÉ, 2004, p. 87-88.
67 GILLY, 1841, p. 44.
68 GILLY, 1841, p. 44.
69 THOMÉ, 2004, p. 26.
70 GILLY, 1841, p. 44; THOMÉ, 2004, p. 87.
71 Ibidem.

da vida comum, mas a *Chronicle of Laon* [Crônica de Láon] informa que a segurança nas garantias deste mundo foi abalada em um domingo de 1173, quando Pedro Valdo ouviu trovadores que avançavam na rua em procissão, recitando passagens do poema de Romaunt, chamado "A vida de Alexis", um santo católico. Uma das versões da história conta que Valdo os teria convidado para entrar em sua casa, onde ouviu atentamente a história do santo, cuja lenda diz que abandonou a vida abastada na casa de seu rico pai e, deixando a noiva no altar, partiu para dedicar-se a uma vida de mortificação da carne e pobreza.

Depois de sete anos, Alexis teria voltado, então com aparência de um mendigo, e por alguns anos se dispôs a receber alimento diário de seu pai, sem que este soubesse que se tratava do próprio filho. Em sua morte, um escrito que deixou revelou a sua verdadeira identidade, causando espanto a todos. Essa história teria provocado uma profunda impressão em Pedro Valdo, que procurou o sacerdote em sua cidade para saber o que deveria fazer para unir-se a Cristo e alcançar a perfeição, a exemplo do santo Alexis. O sacerdote teria lhe respondido o mesmo que Cristo disse ao jovem rico ao ser perguntado sobre as condições para herdar a vida eterna: "Se você quer ser perfeito, vá, venda os seus bens e dê o dinheiro aos pobres" (Mt 19.21).

Valdo fez exatamente isso, mas não sem antes colocar suas duas filhas no convento de *Fontevrault*, uma fraternidade fundada em 1103, chamada "Os pobres de Cristo", dirigido por uma mulher. Ele passou a alimentar os pobres três dias por semana e, durante uma festividade da Assunção da Virgem Maria, proclamou publicamente sua intenção de abandonar os ganhos com dinheiro e seu serviço a *Mamon*, o deus da riqueza, e atender à vocação divina. Em seguida, conclamou os presentes a seguir o seu exemplo.[72]

---

72 GILLY, 1841, p. 46.

A esposa de Valdo, aterrorizada com o comportamento do marido, apelou ao bispo de Lyon para intervir no caso. O bispo local, acompanhado do bispo de Bourg-en-Bresse, aconselharam Valdo. Nada, porém, demoveu o lionense recém-convertido de seu ardor pela nova vida. Ao contrário, ele insistiu em sua autonegação da vida anterior e com isso "aumentou o número de seguidores que passaram a imitar o seu exemplo, abraçando voluntariamente a pobreza e ministrando generosamente às necessidades dos pobres".[73]

> Os mendigos [...] estão presentes nas cidades, são aceitos como instrumentos que permitem aos ricos o exercício da caridade cristã que lhes salvará as almas, mas expõem o contraste entre a prática e o discurso da Igreja proporcionando a soma de condições que permitirão o aparecimento de heresias que estiveram próximas de movimentos sociais como a dos valdenses [...].[74]

Depois daqueles dias, uma fome severa assolou a região da Gália. Valdo e seus seguidores viram na crise uma grande oportunidade de colocar em prática os seus propósitos de atender os necessitados, amparando-os e ajudando-os. Seu procedimento foi notório a muitos outros concidadãos. Valdo e seus discípulos formaram, então, uma fraternidade chamada "Homens Pobres de Lyon", que pregava a santidade da vida, repreendendo os vícios, o roubo e a corrupção da Igreja e das ordens monásticas.[75] W. S. Gilly, que escreveu sobre a história de Valdo e dos valdenses, viu nesse acontecimento um motivo mais que suficiente para compará-lo aos demais indivíduos e grupos pré-reformadores:

---

73 GILLY, 1841, p. 46.
74 THOMÉ, 2004, p. 5.
75 GILLY, 1841, p. 46.

QUEM FOI PEDRO VALDO?

Aqui, de fato, havia amplo espaço para queixar: a ignorância e a profanação do clero, com algumas poucas exceções brilhantes, eram o escândalo da igreja; e não exigimos que a evidência de seus adversários – a dos membros da igreja – seja bastante suficiente para estabelecer esse fato. Foi um longo curso de perversidade na cúpula [da igreja], e ineficiência por parte daqueles que se chamaram os filhos dos sucessores dos apóstolos e os ministros legalmente apontados por Cristo, que prepararam o caminho para uma obra como [a que] Valdo teve que realizar. Mas, embora ele fosse um dos mais eminentes dos primeiros reformadores, ele não foi o primeiro a ressuscitar a Cristandade de seus sonos profanos, e dizer aos que dormiram: "Despertem!".[76]

Simultaneamente, nas regiões da Alemanha, Itália e na mesma França, vozes como a de Bernardo de Claraval, Pedro de Cluny e Evervinus de Colônia, que foram ouvidas entre as décadas de 1120 e 1250, deram a indicação de que homens santos e zelosos podiam ser encontrados além das estruturas oficiais da Igreja. Essas vozes estiveram clamando contra o que consideravam "os vícios e os erros do clero, propondo esquemas de reforma".[77]

Mas o que tornou Pedro Valdo comparável a um homem santo que tomou medidas para efetuar mudanças em seu tempo? A começar pelo caminho aparentemente mais árduo, mexendo nas bases da fé cristã (e com reflexos na instituição da Igreja), Valdo empregou o seu tempo e parte dos recursos que dispunha na tradução[78] das Escrituras para a língua das comunidades majoritárias

---

76 GILLY, 1841, p. 47.
77 GILLY, 1841, p. 47.
78 "Há razões para acreditar, a partir de [...] pesquisas históricas, que os valdenses possuíam o Novo Testamento no seu vernáculo. A 'Língua Romana', ou língua Romaunt, era a língua comum do sul da Europa a partir do oitavo até o século XIV. Era a língua dos trovadores e dos homens eruditos na Idade das Trevas. [...] Esta língua — o Romaunt — foi a primeira tradução de todo o Novo Testamento feita assim desde o princípio do século XII. Este fato Dr. Gilly tem se esforçado muito para provar em seu trabalho, a versão Romaunt do Evangelho segundo João. [A versão Romaunt do Evangelho segundo João, a partir do manuscrito preservado no *Trinity*

na região (ainda não existia o conceito de países ou nações), bem como na promoção da circulação dos textos traduzidos sob seu patrocínio.

Traduzir e distribuir os textos sagrados foi um gesto que veio na contramão das novas práticas da Igreja e de um papado infalível, defendido pela Igreja Romana, que não permitia o acesso do povo às Escrituras. E mesmo se o permitisse, a maioria esmagadora era analfabeta. "Valdo desagradou ao clero lionês quando mandou traduzir para o provençal, livros das Escrituras e passou a pregar (prerrogativa da Igreja), fazendo seguidores."[79]

No entanto, Valdo não malhou em ferro frio; embora à margem do caminho oficial, sua empreitada encarregou-se do material que forjava. Ele foi auxiliado por três acadêmicos e peritos em escritos sacros. Bernardo de Ydros, que posteriormente ganhou grande estima entre os dominicanos, Stephen de Ansa (ou Empsa), gramático e linguista, e John de Lugio, biblista de elevada reputação, que se tornou líder da congregação na Lombardia. Cada um dos três cuidou de um aspecto durante a produção da nova versão das Escrituras, como correção e inspeção, e o preparo do material para que os copistas multiplicassem as cópias para circulação.[80]

Valdo não se deu por satisfeito com a tradução das Escrituras. Para suplementar a sua versão, julgou necessário dispor de um aparato histórico que pudesse ser útil no entendimento do contexto original dos textos sagrados. Para suprir essa lacuna, providenciou uma coleção de textos dos Pais da Igreja, como Ambrósio, Agostinho, Gregório e Jerônimo. Esses textos antigos incrementaram a

---

College de Dublin, e na *Bibliothèque du Roi*, Paris.] Esta versão Romaunt foi a primeira tradução completa e literal do Novo Testamento da Sagrada Escritura, que foi feita, como sustenta o Dr. Gilly, por uma cadeia de provas, amostras, muito provavelmente, sob a superintendência e à custa de Pedro Valdo de Lyon, não mais tarde do que 1180, e por isso é mais antiga do que qualquer versão completa em alemão, francês, italiano, espanhol ou inglês" (WYLIE, 1860, p. 11-12).

79 THOMÉ, 2004, p. 26.
80 GILLY, 1841, p. 48.

Quem foi Pedro Valdo?

sua edição das Escrituras e serviram como comentários para que os leitores pudessem aprofundar o entendimento do texto traduzido. Esse feito era demais para a Igreja oficial, que sequer permitia ao povo o acesso a qualquer forma de material sagrado.[81]

O resultado desse esforço foi que, em pouco tempo, tendo aprendido e memorizado porções da Bíblia, um exército de discípulos começou a sair pelas ruas de Lyon, como também pelas vilas vizinhas, visitando as casas e anunciando com muito ardor a mensagem do evangelho.[82] Naturalmente, a ação atraiu a muitos, que passaram a aderir ao novo modelo de fé conforme anunciado pelos seguidores de Valdo na Gália, agora com poder aparentemente descentralizado da Igreja de Roma. Pequenas igrejas começaram a ser abertas e aqueles que não podiam frequentá-las, por causa da distância, podiam ouvir a pregação em locais públicos.

A leitura das Escrituras e o apego às mesmas se tornaram marcas tão distintivas do movimento que eles ganharam o apelido de "o povo da Bíblia", conforme o seguinte relato:

> Narra um inquisidor haver visto um camponês que sabia vinte capítulos do Evangelho, por ter vivido um ano com uma família valdense, e vários leigos que recitavam de memória quase todos os Evangelhos de Mateus e de Lucas, sobretudo as palavras dos discursos de Nosso Senhor. Por isso, bem mereciam os valdenses o apelido de povo da Bíblia.[83]

Em 1250, um inquisidor, Esteban de Borbón, indicou que a preocupação fundamental de Valdo era o conhecimento dos textos

---

81 GILLY, 1841, p. 49.

82 "Depois de passar um certo tempo na escola de pastores, não era incomum para os jovens valdenses ir para os seminários nas grandes cidades da Lombardia, ou para a Sorbonne em Paris. Lá eles viam outros costumes, eram iniciados em outros estudos, e tinham um horizonte mais amplo em torno deles do que na solidão dos seus vales nativos. Muitos deles tornaram-se especialistas em dialética, e muitas vezes converteram ricos comerciantes com quem negociavam e proprietários em cujas casas tinham se apresentado. Os padres raramente enfrentavam os argumentos dos missionários" (WYLIE, 1860, p. 13).

83 JOURDAN, 1901, p. 17.

sagrados.[84] Alguns textos da Bíblia (livros e epístolas), do Antigo e do Novo Testamento (este por completo), foram traduzidos e entraram em circulação pelo esforço do "Reformador de Lyon e pelos Homens Pobres de Lyon". Esse foi um feito inédito, não somente porque proporcionou acesso ao texto bíblico, mas porque "a população, desde as pessoas comuns de Lyon, ouviu, *pela primeira vez na vida*, em sua própria língua, a exposição das Escrituras anunciadas por aqueles pregadores".[85]

---

84 PIOLI, J. Javier. "Iglesia valdense en el Río de la Plata: de la nostálgica diáspora al sendero próprio". In: Bezerra Carvalho, 2021, p. 114.
85 GILLY, 1841, p. 50, grifo do autor.

QUEM FOI PEDRO VALDO? 61

O movimento iniciado por leigos desautorizados não demoraria em sofrer resistência do oficialato da Igreja. Após cinco anos, desde que esses acontecimentos haviam tido início, os monges e clérigos de Lyon mostraram-se hostis a Pedro Valdo e o ambiente se tornou perigoso para ele.

Em 1178, Valdo foi a Roma visitar o papa Alexandre III. Foi um gesto de honestidade no qual ele faria o pontífice saber de suas atividades e certamente pediria autorização para continuar a exercê-las. Valdo solicitou que o papa reconhecesse a fraternidade dos "Homens Pobres de Lyon" como uma ordem eclesiástica de pregadores autorizados e, do mesmo modo, distribuidora das Escrituras.[86] Como vimos, outras ordens haviam sido reconhecidas por Roma e trabalhavam dentro dos limites previstos. Valdo, de certo, visava a um reconhecimento da mesma natureza.

Valdo foi recebido com o abraço do papa Alexandre III (c. 1105–1181), que concedeu o seu pedido: os Homens Pobres de Lyon eram, agora, professores voluntários aos pobres. Como pregadores, no entanto, receberam uma licença limitada, que poderia ser exercida com permissão especial de um sacerdócio regular na sua região, o que não fazia deles uma Ordem plenamente aceita pelo clero.[87] A pregação poderia ter conteúdo moral, mas jamais doutrinário.[88] Interessava ao papa mantê-los por perto e sob certo controle, até para que pudessem servir para combater outro grupo problemático, herético, que eram os cátaros.

W. S. Gilly considera que a suspeita inicial sobre a situação espiritual de Valdo está baseada no fato de que seu despertamento religioso se deu a partir de "uma lenda da igreja", que teria causado "uma séria impressão" sobre sua vida.[89] No entanto, Valdo procurou um sacerdote de fato e de direito — nada menos que

---

86 GILLY, 1841, p. 50.
87 GILLY, 1841, p. 50.
88 THOMÉ, 2004, p. 106.
89 GILLY, 1841, p. 50.

um bispo — assim que sua consciência foi despertada, para obter orientação devida. Sendo "A vida de Alexis" lenda ou não, Valdo dirigiu-se ao bispo e agora a sua conversão, se podemos chamar assim, dava frutos aparentemente sadios.

O gesto de colocar suas filhas em um convento provocou impacto e maior aderência, tanto da parte dele quanto de seus

QUEM FOI PEDRO VALDO?

primeiros seguidores, aos costumes eclesiásticos,[90] ou seja, uma herança do movimento conventual do catolicismo. Em seguida, não deixando por menos, procurou ser recebido por aquele que é chamado de Chefe Supremo da Igreja, sendo "recebido com indulgência e honra".[91]

De início, Pedro Valdo submeteu-se completamente às exigências impostas por Alexandre III "a tal ponto, que por um tempo ele obedecia ao papa, e não queria pregar, exceto nos termos impostos a ele".[92] Mas a obstinação e o vigor, em certos ambientes, incomodam, especialmente quando as coisas parecem funcionar bem do modo como sempre foram feitas.

Não tardou a acontecer de sua história pessoal sofrer a fúria de quem o deveria apoiar, ao menos em princípio. Os clérigos mostraram seu ódio e desprezo pela espiritualidade e pelo fervor com que o novo reformador servia ao Senhor e aos pobres, o que tornava mais evidente a negligência do próprio clero.

Valdo, impossível de ser contido em seu ardor, passou a pregar sem as autorizações devidas, e tanto ele quanto seus discípulos foram advertidos em não anunciar, ensinar ou pregar no nome de Jesus em língua popular, o provençal. Assim como Pedro e João diante do Sinédrio judaico em Jerusalém (veja At 4), eles atraíram a atenção do clero lionês[93] e foram instruídos a não anunciar aquele Jesus publicamente.[94]

A pena de excomunhão foi anunciada, caso insistissem em desobedecer. E foi o que Pedro Valdo e seus discípulos fizeram. John de Bellesmains, arcebispo de Lyon em 1181, foi quem proferiu a excomunhão após a insistência do grupo em suas atividades. A Ordem, se podemos chamá-la assim, foi privada de toda atividade

---

90 GILLY, 1841, p. 50.
91 GILLY, 1841, p. 50.
92 GILLY, 1841, p. 50.
93 THOMÉ, 2004, p. 94.
94 GILLY, 1841, p. 51.

religiosa; o acesso a qualquer parte da Igreja foi negado, como também foram negados o batismo das crianças e dos novos discípulos; foi vedado o enterro dos seus mortos nos cemitérios naturais para cristãos; foram proibidos os casamentos e, o mais avassalador, os seguidores de Pedro Valdo foram banidos das dependências da cidade. O papa Lucio III (1181–1185), por fim, confirmou a excomunhão em 1184, que foi reforçada no Concílio de Latrão, em 1215.[95] A excomunhão dos valdenses se tornou um ponto de inflexão na história do grupo.

Valdo não visualizou qualquer possibilidade de retratar-se, uma vez que estava convicto de que suas ações eram as mais corretas diante de um clero corrompido. A alternativa foi ele mesmo assumir a liderança do grupo formando um novo corpo religioso, à parte da igreja institucionalizada, que era contrária aos novos costumes. Pouco a pouco, a maneira como Valdo lidava com as questões da fé foram ganhando adesão das populações em outras regiões e países, e as doutrinas dos reformadores lioneses encontraram abrigo entre esses povos, cansados e inconformados que estavam com a situação da Igreja oficial.

Exilados, os "Homens Pobres de Lyon" foram abrigar-se nas regiões da Lombardia e de Provença, onde foram recebidos amigavelmente por pessoas que adotavam ideias semelhantes às suas no tocante a religião. Essas comunidades estavam de cada lado dos alpes Cócios, que ficou historicamente conhecido como o território dos valdenses. Lá puderam manter e desenvolver em relativa segurança suas ideias adversas em relação a Roma, sendo considerados, portanto, inimigos da Igreja.

Eles não chegaram a constituir uma única comunidade, mas habitaram espalhados na região, sem se associar com nenhuma comunidade (ou povo) especificamente; "todos aqueles que

---

95 GILLY, 1841, p. 51.

QUEM FOI PEDRO VALDO?

abraçaram suas ideias às vezes o faziam abertamente, outras vezes secretamente, mas nunca em número suficiente ou em uma força local, para constituir uma igreja".[96]

Por fim, Valdo morreu sem que se soubesse quando ou onde sua morte ocorreu. As hipóteses lançadas pela pesquisa de Laura Thomé são as seguintes:

> Willian Jones, autor mais ligado a religião do que história, especula que [Pedro Valdo] tenha se retirado para o Delfinado, depois para a Picardia, para a Germânia e finalmente para a Boêmia onde teria morrido. Também sobre a data da morte existe divergência. Le Goff, por exemplo, a situa em 1217, assim como Falbel, e Brenda Bolton cita 1206 ou 1207 como a data provável. Já o religioso Jones a situa em 1179, data totalmente improvável devido aos registros de seu comparecimento ao III Concilio de Latrão, confirmado pelos especialistas, e C. H. Lea diz que não se sabe onde e quando Valdo morreu, mas que seus discípulos franceses veneravam sua memória e [a] de seu auxiliar Vivet, afirmando como ponto de doutrina, que estariam no Paraíso, com o que não pactuava o ramo Lombardo da seita, que contentava-se em afirmar que eles haviam feito sua paz com Deus antes de morrer.[97]

Ernesto Comba, historiador e autor de *Historia de los Valdenses*, considera que Pedro tenha morrido na Boêmia em 1217. Na Boêmia, teve o seu nome associado a outro pré-reformista local, Jan Huss.

---

96 GILLY, 1841, p. 53-54.
97 THOMÉ, 2004, p. 95-96.

Este não recebeu nenhuma influência direta de Pedro Valdo, mas pode-se supor que indiretamente seu protesto esteja ligado ao dele, uma vez que Huss estava na Boêmia, precedendo o reformador inglês John Wicliff, que por sua vez teria tido [alguma] relação com os discípulos de Valdo, que foram para a Inglaterra.[98]

Seu nome, no entanto, se tornou emblema de grupos que agiram na esteira de seus impulsos reformadores, ou divisionistas e heréticos, dependendo da perspectiva, sendo dado a "qualquer seita que protestasse contra a usurpação papal".[99] Nada disso passou sem uma triste marca do catolicismo medieval: a perseguição.

A perseguição que durou por 200 anos e varreu da Europa todo aquele que era chamado valdense, exceto nos territórios subalpinos, foi um ultraje acima da humanidade, e fixou um estigma indelével na Igreja de Roma. Seu orgulho ofendido foi satisfeito com nada menos que a breve morte, sempre que ela pudesse fazer com que isso fosse infligido aos que ousavam contestar sua autoridade papal; e [o dominicano] Estevão de Borbone, relata, sem um sopro de compunção, que ele estava presente quando 80 membros da seita de Valdo foram condenados às chamas. Albericus, o cronista, afirma que o número foi de 182, e fala disso como sacrifício de um cheiro doce, aceitável para o Senhor – "Holocaustum placabile Domino".[100]

Paradoxalmente, nos registros históricos não há qualquer apontamento autêntico sobre imoralidade ou qualquer outra

---

98 COMBA, 1987, cap. IX.
99 GILLY, 1841, p. 54.
100 GILLY, 1841, p. 54, nossa tradução.

Quem foi Pedro Valdo?

acusação que desabone a vida de Valdo e de seus discípulos. A má fama que insistia, e prevalece até hoje, com relação a suas práticas e procedimentos, no final tem sido resultado de uma visão parcial, de calúnias produzidas e postas em circulação pela Igreja de Roma, por escritores católicos, que de posse da pena que escreveu a história, fixaram suas opiniões como verdades inquestionáveis. "A acusação registrada pela *Chronicle of Laon* fala da desobediência de

68 OS VALDENSES

pregar sem a devida permissão e o escândalo que isso provocou."[101] Walter Map, teólogo inglês que esteve presente em Roma quando Valdo apelou ao papa, ironicamente se expressou com adjetivos negativos: "o Valdessi que queria reformar a Igreja", "idiota sem utilidade" (inepto), com "pés descalços", "indigente" e "analfabeto", indigno de ser notado. Map não foi capaz de usar uma só palavra contra a moralidade do lionense.[102] "Com o objetivo de ridicularizar os valdenses, [...] Walter Map utilizou distinções sutis que eles não puderam compreender." A sutileza a que Map submeteu os valdenses foi levá-los a responder que Maria era a mãe de Cristo, em vez de a mãe de Deus, ou seja, uma sutileza teológica a que somente os acadêmicos poderiam dar atenção.[103]

Em contrapartida, existe uma expressão atribuída a Valdo segundo a qual ele teria admitido que perseveraria na sua fé e estaria pronto a morrer por ela, em vez de negar o Senhor Jesus Cristo. Outros escritores produziram textos procurando difamá-lo, acusando-o de pregar sem autorização, de não ter uma educação formal, de ser um apóstolo sem uma missão, ou ser um professor sem preparo, mas nunca obtiveram uma acusação sólida contra a sua vida moral.

Moneta, que escreveu um relato da história dos valdenses meio século após esses acontecimentos, mesmo sendo inquisidor e amigo de Domingos de Gusmão (fundador da Ordem Dominicana), e que condenou "os hereges às chamas [... e] escreveu quarenta páginas foliares em defesa da perseguição, admite que os valdenses ainda respeitavam a validade da ordenação romana, receberam o Antigo bem como o Novo Testamento e não deram rédeas à licenciosidade".[104] Do mesmo modo Pedro, o monge de Vaux de Cernay, Norte da França,

---

101 GILLY, 1841, p. 54.
102 GILLY, 1841, p. 55.
103 GONZALEZ, 2004, p. 180.
104 GILLY, 1841, p. 56.

QUEM FOI PEDRO VALDO?   69

> [...] que escreveu em 1217 e foi ardente defensor da total ex-
> tinção pela fogueira e pela espada de todos os Albigenses,
> mencionou o nome de *Waldius*, o fundador da seita dos he-
> reges chamados *Waldenses*, sem uma sílaba de reprovação;
> e declarou que o principal erro de todos os cismáticos era
> ter "uma artificial imitação dos apóstolos, recusa em pres-
> tar juramento, negar o poder do magistrado para infligir o
> castigo da morte e presumir, porque calçavam sandálias,
> de celebrar a eucaristia sem uma ordenação episcopal". [105]

O rito ortodoxo grego dizia que "as sandálias eram as marcas da dignidade". Os valdenses foram chamados, erroneamente, de "xabatati" e "sabatati", termo que deriva de *sabot*, "uma sandá-lia".[106] Da perspectiva da igreja pós-Reforma, não estranhamos essas indicações iniciais que foram consideradas práticas contrárias à ordem vigente, mas que hoje, poderíamos dizer, são distintivas de tradições constituídas fora do romanismo católico. Em outras palavras, para os católicos, os valdenses são hereges, mas isso se dá porque seus ensinamentos e crenças estão alinhados ao que pode ser notado nas mentes mais brilhantes da Reforma Protestante.

Embora essa introdução apresente Valdo como o personagem a quem a tradição atribui a sorte de ter sido o mentor, ou ao menos ter emprestado seu nome e sua fama a um grupo de cismáticos, há um paradoxo na sua história. Pedro Valdo não é, aparentemente, o nome que identifica o grupo que reconhecemos por valdenses. Como indicamos no início do presente capítulo, a origem de seu nascimento é incerta, e ainda mais obscura é a data de quando ele ocorreu.

Mas as origens do grupo que, à primeira vista, tomou corpo maior e marcou a história da Igreja remontam a tempos

---

105 GILLY, 1841, p. 56.
106 GILLY, 1841, p. 56.

precedentes, ao menos quando consideramos o século 12 como referência para as datas da vida de Valdo e o período do papado de Alexandre III (c. 1105–1181) e Lucio III (1181–1185). O Imperador Lucio III é apresentado na obra *La Baja Edad Media* [O final da idade média] como tendo apoiado o papa no combate à heresia da seguinte forma: "para *amansar* o novo papa, Lucio III (1181–1185) Federico apoiou-o na repressão dos cátaros e valdenses, grupos de hereges e dissidentes sobre o catolicismo ortodoxo".[107]

Assim, no próximo capítulo apresentaremos os valdenses a partir de uma perspectiva geográfica e histórico-temporal distinta do nome de Pedro Valdo, fazendo a ressalva de que em ambos os casos, na vida do reformador lionense e do grupo que se formou na região dos Alpes Cócios, no Piemonte (entre a França e a Itália), há inúmeras coincidências sobre o comportamento e os posicionamentos religiosos assumidos.

---

107 THOMÉ, 2004, p. 57-58, nossa tradução.

4
ORIGEM E HISTÓRIA INICIAL DOS VALDENSES

Se há um homem honesto, que deseja amar a Deus e reverenciar Jesus Cristo, que não faça calúnia, nem jure, nem minta, nem comete adultério, nem mata, nem rouba, nem se vinga de seus inimigos, eles num instante dizem que ele é um Vaudes e digno de morte.

Trecho da obra *Nobla Leycon*,
que traz uma espécie de provérbio
sobre a boa fama dos valdenses

Os principais historiadores que se dedicaram a pesquisar e escrever sobre a história dos valdenses são praticamente unânimes: não é possível determinar com precisão quando eles se tornaram conhecidos como "valdenses", nome pelo qual têm sido chamados desde o século 12. A mesma incerteza ocorre com relação à correta ortografia e pronúncia do nome. No entanto, eles têm sido erroneamente identificados como procedentes dos discípulos de Valdo, "o reformador Lyonense". Como vimos no capítulo anterior, Valdo foi um rico mercador que doou a sua fortuna e fez voto de pobreza. Esses discípulos, no entanto, tendo fugido de Lyon, refugiaram-se com

ORIGEM E HISTÓRIA INICIAL DOS VALDENSES

pessoas de "princípios religiosos similares" que entraram para a história sob o nome de *Vaudois* e *Waldenses*, na mesma época de Valdo.[108]

Em relação aos traços de localização geográfica, o grupo é formado por cristãos da região subalpina. Esses cristãos se tornaram conhecidos por protestarem contra os erros de Roma, cujas atividades constam de registros eclesiásticos em data muito anterior.

É possível identificar, ainda em 827 d.C., a ocorrência do adjetivo *Vallensemque*, que é derivado de "Vallis". O termo *Valda* aparece em 1019 d.C., como indicação geográfica estrangeira, provavelmente uma região da Itália. Não existia o moderno conceito de nação que temos hoje. Em 1100, surgiu *Vaudrès*, em *Nobla Leyczon* [Lições nobres], obra que pretendeu reunir as doutrinas dos valdenses (anteriores a Lutero) já em tom de censura. "[O] Nobla Leycon [...] prova que os valdenses do Piemonte não devem a sua ascensão a Pedro Valdo de Lyon [...] não apareceu até a segunda metade desse século (1169) [...] embora um poema, é, na realidade, uma confissão de fé".[109]

Dito serem os maiores inimigos dos valdenses, "Claude Seyssel de Turim (1517), e Reynerius, o Inquisidor (1250), admitiram a sua antiguidade [dos valdenses], e os estigmatizaram como '*os mais perigosos de todos os hereges, porque eram os mais antigos*'".[110] E ainda:

> Rorenco, Prior de São Roque, Turim (1640), foi contratado para investigar a origem e antiguidade dos valdenses e, claro, teve acesso a todos os documentos valdensianos, e sendo o seu grande inimigo, ele pôde presumir ter feito o seu relatório o mais desfavorável que pudesse. No entanto,

108 GILLY, 1841, p. 2.
109 WYLIE, 1860, p. 5.
110 WYLIE, 1860, p. 5-6, grifo nosso.

74 OS VALDENSES

ele afirma que "não eram uma nova seita, dos séculos nono e décimo, e que Cláudio [bispo] de Turim deve tê-los destacado da Igreja no século IX".[111]

Em 1210 d.C., o nome *Vaudres*, também em tom de censura, apareceu em um antigo poema provençal. Apenas para mencionar algumas citações de nomes relacionados, direta ou indiretamente, com o grupo ou movimento, temos: *Vallenses* e *Valle* (1198), *Walde* (1200), *Valdres* (1210) *Waldenses* (1218, apelido de Waldio), e, finalmente, *Valdensen* e *Valdensam* (1220), aplicado aos refugiados lyoneses propriamente ditos.

O autor de *Nobla Leyczon* (1100) e Moneta (in *Moneta contra Catharos et Valdenses*), atribuem o apelido *Vaudès* e *Lombardi Pauperes* [Pobres Lombardos] a uma era anterior a Valdo, como se ouviu posteriormente. Uma crônica manuscrita, encontrada no monastério de Corvey, aparentemente datada do início do século 12, fala de certos habitantes dos alpes que "se agruparam antigamente", "que aprenderam passagens das Escrituras de ouvir, que rejeitaram alguns ritos da igreja, às quais chamaram novidades e rejeitaram a adoração de imagens ou qualquer pagamento por recompensas a relíquias".[112] Não por acaso, tais características, além de outras mais, sempre foram atribuídas ao grupo que descrevemos aqui.

Em 1127, Pedro o Venerável, abade de Cluny, escreveu uma carta ao clérigo da diocese de Embrun (no sudeste da França), que se estendia a ambos os lados dos Alpes Cócios, e compreendia diversos vales no Piemond. Nesta carta, o abade disse que as doutrinas contra adoração de imagens, a adoração da cruz, orações pelos mortos e a

---

111 WYLIE, 1860, p. 6.
112 GILLY, 1841, p. 4.

ORIGEM E HISTÓRIA INICIAL DOS VALDENSES

presença corporal [de Cristo] na eucaristia, que tinha suas raízes nas vilas e lugares remotos daquela diocese, e que eram 'indígenas dos frios Alpes', se espalharam por todo o sul da França.[113]

Outros dois documentos históricos, um do ano 1364 e outro de 1375, confirmam a chamada "heresia Valdesi", que havia sido consolidada na região dos vales da diocese de Embrun e de Turin, "mais de 200 anos antes", indicando, assim, uma data que remonta a um tempo anterior ao surgimento da "alegada heresia" do tempo de Valdo. Isso evidencia a falta de conexão direta entre o homem e o grupo aparentemente sinônimos. É sintomático que o tribunal da Inquisição estava instalado em Turin, onde várias pessoas foram condenadas à morte.[114]

A maioria destes movimentos é conhecida somente por meio do testemunho de seus oponentes, e, portanto, é difícil estabelecer a natureza exata de suas doutrinas. Isto é especialmente verdade com relação a várias seitas cujas principais características eram a pobreza absoluta requerida de seus membros e a sua grande admiração, e até veneração, por seus líderes. Parece que alguns desses líderes, tal qual Tanquelm e Eudes de Stella, até alegaram que eram filhos de Deus. Outros, distintamente Pedro Bruys, parecem ter negado a transubstanciação, o batismo infantil, o culto aos mortos. [...] O Segundo Concílio de Latrão, em 1139, os condenou, mas apesar disso eles não desapareceram por várias décadas. Em Milão, um certo Hugo Speroni

---

113 GILLY, 1841, p. 5. "Rejeitam adoração de imagens, invocação de santos, necessidade de confissão auricular, a obrigação do celibato, supremacia e infalibilidade papal, a doutrina do purgatório, professando a Escritura como única regra de fé, crendo na Santa Trindade, no pecado original, na redenção e mediação somente de Cristo, na justificação pela fé, nos dois sacramentos do batismo e da Santa Ceia e na ordenação apostólica das ordens sagradas."
114 JOURDAN, 1901, p. 18.

chegou por meio do estudo da Bíblia a conclusões muito semelhantes àquelas que seriam mantidas posteriormente pelos protestantes.[115]

William Stephen Gilly (1789–1855), um dos historiadores que trabalhou com Valdo e os valdenses, acredita que o equívoco de atribuir aos valdenses a pecha de heréticos se deve à má interpretação que as pessoas próximas fizeram de suas doutrinas, bem como à má fé dos inimigos. Além disso, a destruição dos documentos da comunidade, ao longo de inúmeras perseguições por que passaram, contribuiu para a imagem distorcida que receberam. Quanto à má compreensão dos posicionamentos do grupo, parece ser razoável, pois, como se sabe, o baixo nível de conhecimento teológico era uma marca da população majoritária. Não eram muitos os versados nas letras.

A rigor, a história dos valdenses pode ter sua origem remontada a "um curioso material [...] na história dos Cristãos Góticos do quinto século, e suas relíquias na França e Itália".[116] Gilly dividiu a história dos valdenses em três períodos;[117] sobre o terceiro, afirma que na livraria da Universidade de Genebra há um conjunto de manuscritos sobre os valdenses que cobre o período entre os séculos 12 a 14, mas que esses manuscritos podem ser uma interpolação de textos mais antigos, o que empurraria a origem do grupo para data mais longínqua.

Ludwig Keller (arquivista e historiador alemão que pesquisou a Reforma) desenvolveu a teoria de que os anabatistas eram uma extensão dos valdenses, dos irmãos boêmios e de outros grupos, aos quais chamou "as antigas irmandades evangélicas".[118]

---

115 GONZALEZ, 2004, p. 179.
116 GILLY, 1841, p. 9.
117 O primeiro marcou o surgimento, o segundo até as portas da Reforma, e o último refere-se à época anterior a Valdo (GILLY, 1841, p. 6).
118 ESTEP, 2017, p. 25.

Laura Thomé apresentou duas hipóteses para a origem do nome dado ao grupo.[119] Nós não consideramos, *a priori*, que o nome seja derivado diretamente de Pedro. Ambas as hipóteses consideradas por Thomé surgem a partir do *Dictionnaire Critique de Theologie*, no verbete *vaudois*, de Franco Giacone. A primeira hipótese e a mais comum é a que considera que "valdenses" (*vaudois*) deriva de Valdès, o "fundador" do grupo. Como vimos, considera-se a diferença na grafia, mas supõe-se ser o mesmo fundador. Este, por sua vez, teve o

> [...] prenome Pedro [grafado] apenas na segunda metade do século XIV, quando aparece em cartas trocadas entre valdenses da Lombardia e da Áustria, justificando-a no desejo desses seguidores fazer retroceder a origem histórica do movimento aos tempos apostólicos, já que reivindicam a sucessão apostólica de acordo com as Escrituras.[120]

A segunda hipótese é mais difícil de aceitar, embora seja mais comum nos meios protestantes, como a própria pesquisadora indica. A "historiografia confessional protestante", segundo ela, abraça "a ideia de que o movimento se originou por volta do século II,[121] nos vales alpinos e piemonteses, donde teria se originado não só o nome da seita, mas também o de Valdès, um topônimo para um seguidor como tantos outros".[122] Nós ficamos com a segunda possibilidade, pois consideramos temerária a afirmação categórica de que Pedro Valdo deu origem ao grupo,[123] uma vez que há indícios do surgimento de um movimento subalpino anterior a esse personagem.

---

119 THOMÉ, 2004, p. 88.
120 THOMÉ, 2004, p. 88.
121 Alexandre Berard também menciona hereges nos vales ainda no século 3. *Les Vaudois, leur histoire sur les deux versants des Alpes du IV siècle au XVIII*. Lyon: A Storck Éditeus, 1892, p. 19.
122 Ibidem.
123 É o que faz, por exemplo, Eddie Hyatt, em obra recentemente publicada no Brasil: "Os valdenses tiveram origem em Pedro Valdo [...]". (HYATT, 2021, p. 94).

Em 1520, um tratado escrito por Claude Seyssel, primeiro arcebispo de Turin, manifestou contrariedade aos valdenses. A obra foi escrita logo após uma visita que fez à diocese da região, onde habitavam os valdenses, em 1517. Em linhas gerais, as acusações feitas cerca de quatrocentos anos antes pelo abade de Cluny foram repetidas.

Gilly considera certo que, no início do século 13, após a região receber os seguidores de Valdo, "eles foram, então, obrigados pela primeira vez a constituir ministros para si mesmos, fora do clero, cujas ordens foram derivadas das igrejas nacionais da França e Itália, e quem abraçou sua causa".[124] A forma inicial da igreja foi, então, episcopal, "com clérigos de diferentes ordens, embora sua disciplina seja agora presbiteriana, muito parecida com a da Igreja da Escócia". W. Gilly deu essa descrição em meados do século 19.

Em linhas gerais, perseguições, calúnias, violência e execuções, nada foi suficiente para desestimular ou desarticular a comunidade em sua perseverança para manter a "pureza da fé e conduta,[125] e a refutação de todos que os reprovavam com erros grosseiros".[126]

Quando olhamos a linha do tempo, notamos que, em certos momentos, os valdenses encontraram apoio de soberanos, especialmente da casa de Saboia, uma das famílias nobres europeias mais antigas, presentes desde o século 10 no território do Reino da Borgonha. Mas também receberam apoio de "pessoas comuns, [como] imunidade, privilégios, promessas de segurança de tempos em tempos, que os incentivaram a reunir forças para resistir sem ter de recorrer a expedientes de fanatismo ou rebelião".

---

124 GILLY, 1841, p. 22.
125 "A irrepreensibilidade dos valdenses se tornou um provérbio, de modo que se alguém que normalmente fosse isento de vícios do seu tempo era como a certeza de ser suspeito de ser um Vaudes. [O *Nobla Leycon* tem a seguinte passagem: "Se há um homem honesto, que deseja amar a Deus e reverenciar Jesus Cristo, que não faça calúnia, nem jure, nem minta, nem cometa adultério, nem mate, nem roube, nem se vingue de seus inimigos, eles num instante dizem que ele é um Vaudes e digno de morte"] (WYLIE, 1860, p. 10).
126 GILLY, 1841, p. 14.

ORIGEM E HISTÓRIA INICIAL DOS VALDENSES

Os Saboia chegaram ao poder na região por meio de pactos que garantiam a bilateralidade de interesses, e, nesse espírito, ambos os lados eram levados a renunciar a certos rigores em função de um objetivo maior. Um duque de Saboia confessou, em 1602: "Nós somos obrigados a tolerar heresia nos vales do nosso reino".[127]

Os alpes receberam o evangelho no segundo século; na região, o nome de grande projeção na Igreja foi Irineu de Lyon, que se tornou mestre na língua celta. Ele poder ter sido ministro entre os montanheiros pela facilidade de trânsito entre os subalpinos e os habitantes da planície, que "foram protegidos por boas estradas que conduzem pelo centro dos vales agora chamado Protestante".

Já Ambrósio de Milão (c. 397 d.C.), cuja diocese se estendia até os alpes, "queixou-se de seu clérigo da montanha recusando-se a tornar-se celibatário no costume antigo". Episódios assim são acumulados na conta de uma história de isolamento das comunidades subalpinas, contribuindo com a formação de uma tradição e identidade próprias naqueles vales.

Já no quarto século, Vigilantius, outro oponente do que considerou práticas errôneas da Igreja, fez dos alpes Cócios o lugar de sua residência quando precisou refugiar-se. Ele fora recebido graciosamente pelos mestres da cristandade, os mesmos que "rejeitaram a adoção das observâncias do *monaquismo*,[128] oração pelos mortos, santos e adoração de relíquias e outras superstições que estavam entrando em prática".[129] A região tornou-se tradicional ponto de refúgio para aqueles que podiam ser considerados dissidentes aos olhos do clero.

Mais de quatrocentos anos depois, surgiu na região a doutrina que foi chamada por Jonas de Orleans e Dungalus de "heresia

---

127 GILLY, 1841, p. 21.
128 Monaquismo tem a ver com isolamento e é uma prática comum à fé cristã, como também a outras tradições religiosas.
129 GILLY, 1841, p. 61.

de Vigilantius". No entanto, o bispo Claudio de Turin (780–827) a chamou de "esse anel brilhante e dourado na cadeia do protestantismo Cisalpino", dando a sanção de sua autoridade episcopal às opiniões que Jerônimo tinha censurado havia tempos. Claudio pregava contra a adoração de relíquias e das imagens, e acredita-se que tenha exercido influência sobre os habitantes dos vales, uma vez que esses formavam parte de sua diocese.

Com o mesmo posicionamento e pertencendo ao mesmo período, temos São Bernardo (1090–1153), que dizia: "Quem me dera ver a igreja de Deus como era nos tempos antigos, quando os apóstolos lançavam a rede não para pescar ouro ou prata, senão somente as almas!"[130] Da mesma lavra foram Pedro de Bruys (1095–1131)[131] e Arnaldo de Brescia (1090–1155), cujos seguidores foram chamados de "os pobres da lombardia" (expressão análoga aos pobres de Lyon). Arnaldo também foi queimado e suas cinzas lançadas no rio Tibre.[132]

No tempo do bispo Claudio, havia dois partidos em sua diocese, um dos quais apoiava seu esquema de reforma eclesiástica. Após a sua morte, foram chamados de a "seita de Claudio", deixando discípulos na região, a mesma onde séculos depois foram encontrados os valdenses. Mas isso não significa haver ligação direta entre os dois grupos, isto é, que os valdenses estiveram na linha de sucessão direta dos bispos da França ou da Itália, uma vez que a documentação da época é confusa sobre as fronteiras e as áreas cobertas por cada bispado.

Outro aspecto a ser considerado é que, apesar de os valdenses serem vozes dissidentes dentro do Catolicismo, eles puderam exercer sua liberdade de consciência e de ritos sem ter havido confronto nem qualquer tipo de violência entre ambos os grupos por

---

130 JOURDAN, 1901, p. 14.
131 Em 1140, Pedro de Bruys foi queimado vivo em San Giles, hoje região inglesa.
132 SHELLEY, 2004, p. 234.

ORIGEM E HISTÓRIA INICIAL DOS VALDENSES

longo tempo. Quando viam sua liberdade religiosa ameaçada, recorriam aos soberanos.

O bispo de Turin, passando por cima do sistema introduzido por Inocêncio III (1198–1216), que se coroou e se proclamou "vigário de Cristo" e cujos esforços resultaram na Quarta Cruzada (1202–1204), obteve autorização do Imperador Otho, em 1210, para perseguir os valdenses. Mas não há registros de opressão religiosa nos vales do Piemonte por esse tempo.

A lei lombarda permitia a cada homem escolher a lei nacional sob a qual eles pudessem ser governados, dando aos povos alpinos privilégios contra a tirania dos pontífices, que não podiam privá-los de suas opções.[133] Até aquele tempo, as fortalezas de proteção naturais e a proteção da lei lombarda os privava dos abusos de Roma, e oferecia um assentamento permanente àqueles que se voltavam para o Cristianismo primevo. Enquanto protestavam contra novidades que consideravam supersticiosas, comunicavam-se com o clero estabelecido, como os metodistas fizeram alguns séculos depois enquanto reivindicavam sua posição como membros da Igreja de Cristo.[134]

O surgimento e a consolidação do movimento dos valdenses podem ser atribuídos, primeiramente, à corrupção moral dos clérigos da igreja dominante e depois à excomunhão.

Laura Thomé afirma que, ao reagir, a população estava "abominando o luxo e a riqueza da Igreja, apontando-os como sinais da corrupção do clero e da necessidade de reformas [mais] do que a contestar dogmas da fé católica". As supostas heresias consistiam em pregar a volta da cristandade ao modo de viver das primeiras comunidades cristãs. A saída adotada pela cúpula da Igreja foi orientar "os bispos quando em visita a suas paróquias a procurarem não ostentar riqueza, limitando o número de cavalos em

---

133 GILLY, 1841, p. 19.
134 GILLY, 1841, p. 19.

suas comitivas, abstendo-se de levar cães e falcões e contentando-se com uma alimentação suficiente, porém simples".[135] Esperavam com isso enfraquecer "o discurso dos pregadores pobres".

A depravação do clero nos períodos entre os séculos 11 e 13 já está bem documentada. Acrescentando a invasão dos árabes muçulmanos (chamados na região de sarracenos) nos alpes Cócios, o resultado é que a Igreja perdeu o domínio na região, e a regularização de sua situação sob a autoridade católica aconteceu por meio dos monastérios e das paróquias distantes, uma vez que os vilarejos não tinham uma superintendência pastoral regular. Isso perduraria até que, finalmente, as ideias defendidas pelos valdenses se tornassem mundialmente conhecidas como protestantes.[136]

Quando o dominicano Vincentius Ferrerius pregou aos valdenses em 1405, relatou que o líder da comunidade disse que não ouvia a voz de um ministro da Igreja havia trinta anos. Claude Seyssel, um século depois, afirmou que todos ali haviam sido abandonados pelos sacerdotes e bispos, "não havia [entre eles] nenhum prelado, [e] então se atreveu a aproximar-se deles".[137]

Os barbas

No início do século 16, entre 1500 e 1530, os valdenses já eram um movimento bastante organizado. Um expediente utilizado pelos valdenses com vistas a gerar frutos sólidos do seu trabalho era colocar em circulação um grupo para cuidar dos vínculos entre os diferentes grupos ou comunidades. Eram os chamados barbas ou barbados.[138] Os barbas passavam por um treinamento que incluía

---

135 THOMÉ, 2004, p. 109.
136 GILLY, 1841, p. 23.
137 GILLY, 1841, p. 23.
138 Os barbados foram sucedidos por pastores na liderança dos valdenses (BEZERRA CARVALHO, 2019, p. 39).

o estudo da Bíblia, por meio da memorização de certas porções, e certamente recebiam noções de medicina e latim.

Os membros dos barbas eram colportores,[139] ao mesmo tempo que levavam algumas peças de valor, joias. Seu esforço era pela pregação do evangelho, o que valeu a alguns o martírio. Era o despertar do espírito da Reforma, o mesmo que promoveu as chamadas guerras santas onde católicos e protestantes dividiram-se nos mesmos territórios e sob monarcas que apoiavam um grupo em detrimento do outro.

> Em 1530 as Igrejas de Provence e Dauphine comissionaram George Morel, de Merindol, e Pierre Masson, de Bergundy, para visitar os reformadores da Suíça e Alemanha, e trazer-lhes alguma palavra no tocante a sua doutrina e modo de vida. Os representantes se reuniram em conferência com os membros das Igrejas protestantes de Neuchâtel, Morat e Berna. Eles também se encontraram com Berthold Haller e Guilherme Farel.[140]

Posteriormente, os valdenses também enviaram alguns barbados para obter conselho com os reformadores sobre a afinidade de ideias e a situação da igreja nos vales. Com isso, criou-se um laço com os reformadores suíços, o qual levou à convocação de um Sínodo entre os valdenses em 12 de setembro de 1532, em Angrogna, na aldeia dos Chanforan, localidade hoje inexistente. A respeito desse Sínodo, "a grande maioria dos pastores valdenses era da opinião que deveria ser feito. Uma pequena minoria, porém, se opusera a isso, porque eles achavam que os reformados não se tornaram novos discípulos, por querer ditar ordens aos mais velhos na fé".[141]

---

139 Vendedores de folhetos e impressos.
140 WYLIE, 1860, p. 39.
141 WYLIE, 1860, p. 41.

Guilherme Farel

O Sínodo que procurou dirimir essas diferenças de opiniões produziu uma confissão de fé com dezessete artigos e a decisão pelo rompimento definitivo com os ritos e as práticas da Igreja Romana que contrariavam as Escrituras, segundo o novo entendimento reformado – já adotado pelos valdenses.[142] [O] Sínodo devia ser verdadeiramente ecumênico – uma assembleia geral de todos os filhos da fé protestante. Um caloroso convite foi enviado, e foi cordialmente

---

[142] Embora tal confissão seja conforme o entendimento reformado, não se deve associar imediatamente o perfil doutrinário do grupo com os atuais reformados, especialmente como os vemos no Brasil. Os valdenses, por exemplo, não eram cessacionistas sobre a questão dos dons carismáticos (especificamente os dons de cura), como o são os reformados daqui. Isso é notável na Confissão Valdense de 1432, onde se lê: "Assim, no que concerne à unção dos doentes, nós defendemos que seja um artigo de fé, e professamos sinceramente do coração que os doentes, quando rogarem por isso, podem ser licitamente ungidos com óleo por quem estiver unido com eles em oração, para que haja eficácia na cura do corpo, de acordo com o objetivo, a finalidade e o efeito mencionado pelos apóstolos, e professamos que essa unção, se realizada de acordo com o objetivo e a prática dos apóstolos, será frutífera e resultará em cura". GORDON, A. J. *The Ministry of Healing*. Harrisburg, PA: Christian Publ., 1961, p. 65, *apud* Hyatt, 2021, p. 96.

e amplamente respondido. Todas as Igrejas Valdenses no seio dos Alpes foram representadas neste sínodo. As comunidades dos albigenses no norte da cadeia alpina, e as Igrejas Valdenses na Calábria, enviaram representantes. As Igrejas da Suíça e França escolheram Guilherme Farel e Anthony Saunier para participarem. Até mesmo de terras mais distantes, como Boêmia, vieram homens para deliberar e votar nesta famosa convenção.[143]

Além desses, o povo da região, entre outros importantes luzeiros da Reforma,[144] estiveram presentes. Em 12 de outubro de 1532 iniciou-se o Sínodo e o ano marcou a adesão dos valdenses à Reforma, mas não podemos negar que eles mesmos, séculos antes, já preconizavam os ideais reformistas que a essa altura se consolidavam a partir do norte da Europa. Nesta ocasião, o valdismo estava reduzido a uma zona fronteiriça entre a monarquia francesa e os territórios do Ducado Sabaúdo, isso depois de terem-se multiplicado pelo sul da França (Languedoc) e Catalunha, Lombardia, os alpes e a Europa Central, além de Flandes e sul da Itália.[145]

A adesão aos princípios da reforma segundo o perfil genebrino (zuingliano e calvinista) é o segundo evento ou ponto de inflexão da história valdense (o primeiro é a sua excomunhão, em 1184).

"No Sínodo Valdense de Chaforans, [os valdenses] deixaram de ser um movimento, uma tradição, para assumir a sua identidade como igreja protestante. Neste Sínodo, em seis dias de assembleia houve três decisões importantes: adesão à reforma genebrina, a elaboração de uma confissão de fé[146] e a decisão da tradução da

---

143 WYLIE, 1860, p. 42.
144 JOURDAN, 1901, p. 25.
145 PIOLI, 2021, p. 115.
146 Essa "Curta confissão da Fé [...] pode ser considerada como um suplemento para a antiga Confissão de Fé [valdense] do ano de 1120, que não se contradiz em qualquer ponto". "Consiste em dezessete artigos, [dentre eles destacam-se] a incapacidade moral do homem, a eleição para a vida eterna, a vontade de Deus, como se fez conhecida na Bíblia, uma única regra de direito, bem como a doutrina de dois sacramentos apenas, o Batismo e a Ceia do Senhor" (WYLIE, 1860, p. 43).

ORIGEM E HISTÓRIA INICIAL DOS VALDENSES

Bíblia para o francês",[147] que era o idioma falado nos vales. No local onde o Sínodo se reuniu, os valdenses ergueram a primeira igreja instituída pós-Reforma.

Como apoio para as novas posições teológicas, empenharam-se por uma arrecadação de fundos para cobrir as despesas da versão francesa da Bíblia de Olivétan, nome do coordenador do projeto total, que consumiu mil e quinhentos escudos de ouro. Pierre Olivétan concluiu a obra em menos de dois anos, a partir das línguas originais. A Bíblia foi impressa em Neuchâtel, na Suíça, em 1535, e trouxe um famoso prólogo escrito por seu primo, João Calvino.[148] "Ela foi impressa em fólio, em letra preta, em Neuchâtel, no ano de 1535, por Pierre de Wingle, comumente chamado de Picard. A despesa foi toda custeada pelos valdenses, que coletaram para este projeto 1500 coroas de ouro",[149] tendo sido considerada um presente dos valdenses para a causa da Reforma.

Um ano depois do Sínodo, um barba, Martin Gonin, foi enviado a Genebra para reunir-se com os reformadores locais e trazer livros para a sua comunidade. Na volta, foi conduzido a Grenoble, onde foi interrogado e preso. Além dos livros, Gonin trazia cartas dos reformadores para os valdenses, o que determinou a sua condenação à morte.

Os juízes que interrogaram Gonin, receosos de que o movimento popular valdense se levantasse enfurecido, decidiram matá-lo antes e o levaram à beira de um rio, onde foi martirizado.[150] Os livros trazidos de Genebra por Martin Gonin chegaram aos

---

147 Sobre o tradutor, Louis Olivier, mais conhecido como Pierre Robert Olivétan (Noyon, c. 1505–1538), foi pedagogo, hebraísta, helenista e teólogo francês, autor da primeira tradução protestante da Bíblia para o idioma francês a partir das línguas originais, a versão chamada Bíblia Olivetana.

148 Após a morte de Olivétan, novas edições daquela Bíblia foram publicadas até o Salão de Genebra, em 1588, com a publicação da *Bíblia de los pastores y los maestros*. Olivétan morreu em 1538, na Itália. A primeira edição de sua obra tem sido chamada pelos historiadores protestantes de *Bíblia de los Mártires*, sugerindo a acirrada repressão contra os valdenses nos montes, na Calábria e na Provença. Disponível em <https://es-la.facebook.com/notes/mario-revel/la-biblia-de-oliv%C3%A9tan-/1220330201311435/> Acesso em janeiro de 2021.

149 WYLIE, 1860, p. 44.

150 JOURDAN, 1901, p. 25.

valdenses, trazidos por Bartolomeu Hector, um barbado colportor que foi preso ao passar pelo vale de Angrogna rumo ao vale de San-Martin, acusado de vender livros de hereges.

Bartolomeu Hector foi interrogado sobre o conteúdo dos livros. Argumentou que não se tratava de heresias, mas da verdade. O tribunal rebateu a sua resposta, dizendo que a Igreja Romana tinha a verdade e era a verdade, mas Hector argumentou que a Bíblia condenava a missa e a prova estava nos Evangelhos. O interrogatório durou dois dias e, ao fim deles, Hector foi levado a Turin e entregue ao Santo Ofício. Ele foi condenado à morte e queimado na

ORIGEM E HISTÓRIA INICIAL DOS VALDENSES

praça do Castillo. Ao saber da condenação, Hector disse: "Glória a Deus, porque me julgou digno de morrer por sua causa."[151]

Em 1535, o duque Carlos ordenou que Pantaleão Bersour, superior em Roccapiatta, castigasse os valdenses cujos nomes constavam em uma lista que fora descoberta. Bersour liderou um grupo com cerca de quinhentos homens que partiram para o vale de Angrogna. Mataram a muitos, prenderam outros e saquearam suas propriedades. No dia seguinte, os valdenses reagiram, libertaram os presos e recuperaram parte do butim. O bando de Bersour foi posto em fuga.

A atitude de Bersour foi condenada pela condessa Blanca, por não ter o seu consentimento. Além disso, ela era viúva do conde de Luzerna, de Angrogna, morto havia pouco tempo, portanto um desrespeito à memória de seu marido. Bersour passou a perseguir os valdenses. Ele encheu o seu castelo de Miradolo e os cárceres e conventos de Pinerolo com membros da comunidade valdense e os entregou à Inquisição para serem enforcados.

O fim da perseguição impetrada por Bersour veio com a intervenção do duque de Saboia, que precisava dos valdenses para proteger as fronteiras de seu reino contra os franceses.

Outro importante nome de um barbado valdense é Godofredo Varaglia, da cidade de Busca, no Piemonte. Varaglia era filho de um perseguidor dos valdenses. Este tinha preparado o filho para ser um clérigo perito em argumentos dos reformados a fim de que pudesse combatê-los. Porém, ao estudar tais argumentos, Varaglia descobriu que o erro estava entre os romanistas e, uma vez convertido, abandonou o catolicismo e um honroso cargo próximo ao núncio pontifício em Paris, transferindo-se para Genebra. Naquela cidade, inteirou-se mais sobre as novas doutrinas e foi enviado a Angrogna para pastorear uma comunidade valdense que pedira um pastor que

---

151 JOURDAN, 1901, p. 28.

ORIGEM E HISTÓRIA INICIAL DOS VALDENSES

falasse italiano. Sua fama correu a região e muitos saíam de suas cidades para ouvi-lo.

No retorno da ocasião em que decidiu visitar sua família em Busca, foi denunciado por pessoas da cidade de Barge e preso por heresia. Transferido para Turin, foi julgado e condenado à morte. Godofredo Varaglia tinha cinquenta anos de idade.

Uma testemunha ocular da sua execução relatou: "Ele seguia em frente com tanta firmeza e serenidade, e falou com tanta alegria que creio que nem mesmo os apóstolos caminharam com mais coragem à tortura da cruz."[152]

Com o aumento de sua população nos vales, os valdenses saíram para ocupar regiões como o sul da França, Mérindol y Crabrières,[153] e colônias na Itália, na região da Calabria. Os administradores de castelos nessas regiões concederam grandes extensões de terra aos valdenses, para que cultivassem; era o sistema feudal que vigorava e esse expediente acabou por elevar o nível econômico de alguns grupos ao longo dos séculos. As perseguições, no entanto, não cessaram com a presença deles nessas terras e, dependendo da ocasião, voltavam de maneira bastante acirrada.

Milhares morreram nas fogueiras, outras sob tortura e abandonadas à míngua no fundo de calabouços. O pastor valdense Juan Luis Pascal, um barbado, foi martirizado em Roma. O historiador Jourdan traz a informação de que quinze mil pessoas foram mortas e dispersas a ponto de o nome valdense desaparecer daquelas regiões.[154] O mesmo se deu com outras comunidades e igrejas valdenses, bem como nas terras dos marqueses de Saluzzo (região do Piemonte) e no vale do Pó.

---

152 JOURDAN, 1901, p. 29.
153 Em Mérindol, houve o massacre de três mil valdenses durante cinco dias, sendo 670 pessoas enviadas para as galés de Marselha. Vinte e quatro aldeias foram devastadas no vale de Luberon, incluindo Mérindol. Isso aconteceu na primavera de 1545.
154 JOURDAN, 1901, p. 30.

5
PERSEGUIÇÕES

Se alguma coisa pode salvar os valdenses, é observar atentamente seus adversários, pois a hierarquia romana e o sacerdócio não temem nada mais do que a exposição de seus processos contra a liberdade pública.

W.S. Gilly

Vinga, Senhor, teus santos abatidos, cujos ossos
Se encontram espalhados nas frias montanhas
alpinas.
Que foram as tuas ovelhas, que foram teu antigo
rebanho,
Mortos pelos Piemonteses sanguinários, rolaram
Mães com seus filhos abaixo pelas rochas. Seus
gemidos
Os vales ecoaram aos montes, e eles
Para o céu.

Soneto de John Milton
sobre as tragédias nos vales valdenses

Até aqui temos um quadro ligeiramente extenso dos reclames populares contra o clero, aos quais os valdenses deram voz e forma. As respostas de Roma, por vezes, foram pontuais e precisas, mais precisas em algumas ocasiões do que em outras, pois não tinham presença e controle rigorosos e manifestadamente atuantes, como fica subentendido

94

na seguinte citação em que o "serviço paroquial" é, digamos, "terceirizado" para os mosteiros e conventos:

> As doações para o serviço paroquial foram deixadas sem superintendência pastoral regular. Uma carta afirma que um terço de todo o território montanhoso entre o Monte Cenis e o Monte Genevre foi entregue a um convento distante. Outro consigna nada menos que a metade de todas as terras situadas entre Pignerol e o Passe Sestrières a uma abadia em Tognerol. Um terceiro despoja todo o Vale Guichard de suas reuniões, para o enriquecimento de uma fraternidade de monges em outra parte do país, nas planícies às margens do [rio] Pó. Tudo isso deve ter contribuído para produzir aquele estado de miséria espiritual que finalmente levou a, e justificou a separação; e quando a separação foi concluída, a hierarquia de Roma nunca poderia restabelecer sua autoridade sobre os vales do Piemonte que agora são chamados protestantes.[155]

A transferência de propriedade dos territórios que antes estavam sob a "posse" ou nos quais a presença maciça era das comunidades valdenses, de papel passado (por carta), para aqueles monastérios e conventos nos vales foi o primeiro passo para iniciar as perseguições que, segundo historiadores, chegaram à soma de trinta apenas em uma região dos vales.[156] Esse quadro teve início no começo do século 13, pondo fim à liberdade religiosa e iniciando atrocidades com "Inocêncio III e Dominic, o pai da inquisição".[157] Ambos dividiram a "honra" de incendiar e brandir a espada em duas novas e cruéis maneiras de lidar contra qualquer

---

155 GILLY, 1841, p. 24.
156 WYLIE, 1860, p. 18.
157 GILLY, 1841, p. 25.

PERSEGUIÇÕES

suspeita de ofensa ao dogma de Roma, chamando-as de "missões de paz e boa vontade".

Uma delas foi a cruzada contra os Albigenses, "que varreu multidões da face da terra em uma guerra em campo aberto". A outra foi a instituição do tribunal secreto, que contava com informantes e executores por toda parte, os quais, por "atos de fé", condenaram milhares depois "da zombaria de um julgamento" de

96 Os valdenses

cartas marcadas e sentença pré-definida. "Mas, embora alguns mártires fossem arrastados para a estaca das vizinhanças dos Alpes Cócios, mais próximo das planícies do Piemonte, por um lado, e para as cidades do Dauphiné, por outro lado, e apesar das restrições, essas regiões continuavam sendo asilo seguro até o fim do século XIV."[158]

Nem sempre as ordens de Roma eram seguidas pelos soberanos locais. E as ordens foram dadas, inclusive com a emissão de bulas papais contra dissidentes "não religiosos" nos vales piemonteses de Lucerna e San Martino, na fronteira italiana. As ordens eram "de extermínio, de execução". Repetidamente, os soberanos dos vales valdenses recebiam ordens de Roma para "desembainhar a espada contra eles" a fim de "esmagar a serpente", mas nada era feito.

Houve uma perseguição no ano 1400 que cobriu desde Dauphiné até o vale italiano de Pragela, que estava sob domínio francês, e atingiu as adjacências de Lucerna e San Martino, em que o "trovão pontifical foi ouvido", mas os valdenses não foram afetados pelo estrondo desse trovão.

Inocêncio VIII deu a Alberto de Capitaneis, também via bula papal,[159] plenos poderes para exterminar a heresia na região de Embrun e Turin e "onde se pudesse ver", por meio de confisco e execução, o que levou hordas de inimigos armados para as montanhas, fazendo os valdenses recuarem.

Em 1488, o lorde La Palu cercou os valdenses em uma expedição sanguinária. Os valdenses se refugiaram numa caverna que acabou por se tornar sua sepultura. Depois de procurarem abrigo naquele local, as tropas do Lord amontoaram madeira na entrada da cavidade e atearam fogo. A fumaça preta se espalhou e tomou

---

158 GILLY, 1841, p. 25.
159 Foi a bula *Ad abolendam*, publicada por Lucio III no Sínodo de Verona, que contou com a presença de Frederico Barbaruiva, que pela primeira vez inscreveu os valdenses no rol de hereges, tendo-os condenado a perpétuo anátema. (THOMÉ, 2004, p. 10).

Inocêncio VIII

conta do local, onde foram encontradas "400 crianças, sufocadas em seus berços, ou nos braços de suas mães mortas. No total, morreram nesta caverna mais de 3.000 valdenses, incluindo toda a população de Val Loyse".[160]

Entre 1499 e 1509, alguns dos editos[161] de Iolanta, a regente-mãe durante a minoridade do duque de Saboia, não citam os valdenses usando termos pejorativos, como se fossem heréticos, mas

---
160 WYLIE, 1860, p. 24.
161 Raccolta degl'Editti di Savoia e del Piedmonte. GILLY, 1841, p. 26.

trata-os como sendo gentis e corteses, "religiosos", chamando-os de "homens dos vales", "vassalos amados e fiéis", reconhecidos como pessoas privilegiadas, com direito a "imunidades e franquias, em virtude de antigas estipulações", certamente concedidas por antigos soberanos na região.

Luis Jourdan relata uma das perseguições ocorridas no século 15, promovida pelo inquisidor Borelli. Este teria invadido o vale do Pragelato durante as festividades do Natal, período em que os habitantes dos vales estariam mais distraídos e se julgavam seguros, "protegidos pela clemência da estação e pela neve que cobria as montanhas com seu manto espesso".

Quando deram conta da ameaça, todos — homens, mulheres e crianças — fugiram para o alto dos montes, pois eram habilidosos para se locomoverem nas rochas escarpadas. Muitos, no

PERSEGUIÇÕES

entanto, foram pegos e levados presos ou mortos. A maior parte não se arriscou a retornar para casa e teve de pernoitar no monte nevado Albergian. Pela manhã, ao despertarem alguns, notaram que havia entre cinquenta e oitenta pessoas mortas pelo frio, incluindo crianças enroladas em cueiros nos braços de suas mães, também sem vida.[162]

Em diversas situações que envolviam "política regional, disputas com a França e a necessidade de conciliação das fronteiras, quando nobres soldados eram requeridos para defendê-las [...] em momentos de perigo", mesmo quando os soberanos davam consentimento em sua destruição, os senhores da terra saíam em defesa dos valdenses. Quando os franceses investiam contra o reino da Itália, o duque reconhecia a importância de manter os valdenses nas fronteiras para que estas ficassem protegidas. Então os anistiava e a perseguição cessava.

> Assim, no ano de 1553, quando os estragos feitos entre os não religiosos da Provença e Douphiné chegaram aos vales, teria sido mais fatal, se Blanche, condessa de Lucerna, não tivesse se interposto em favor de seus dependentes. Em 1560, a escuridão que há muito se reunia sobre a igreja da montanha explodiu sobre ela com toda a sua fúria; e nunca a majestade da verdade e da inocência se destacaram mais brilhantemente do que durante as pragas da perseguição, que se intensificaram em intervalos durante os próximos cem anos e além.[163]

Além de serem enredados nessas questões, os valdenses foram vítimas da pior espécie de sedição. Em 27 de abril de 1487, Inocêncio III publicou uma bula que visava ao seu extermínio

---

162 JOURDAN, 1901, p. 19.
163 GILLY, 1841, p. 27, nossa tradução.

definitivo, convocando a população "contra os sectários daquela perniciosíssima e abominada seita de malvados que se chamam os valdenses'. O texto segue:

> O principal meio de sedução que Satanás tem inspirado a esses hereges é uma grande aparência de virtude e de piedade. A qualquer um que mate um deles, seus pecados serão eternamente perdoados, e a qualquer que se apodere de seus bens poderá desfrutá-los como possessão legítima.[164]

Liderada por Alberto Cattaneo, a Cruzada contra os valdenses (1488) foi abraçada por aventureiros e páreas da sociedade, desejosos de riquezas fáceis com a bênção papal. Os valdenses apelaram ao duque Carlos I, protestando pela garantia de poder expor as suas crenças, pública ou particularmente, pedindo que se averiguasse como elas estavam em pleno acordo com a Palavra de Deus. A confiança que tinham em Deus e em sua proteção não era em vão.

Os inimigos, alvoroçados que estavam, avançaram contra os habitantes dos vales e estes organizaram-se no alto dos montes. O conhecimento que tinham da geografia local lhes dava uma vantagem significativa. Novamente, homens, mulheres, crianças e jovens formaram núcleos nas partes altas, enquanto os inimigos, confiantes em suas tropas numerosas, descuidaram-se da parte técnica e acabaram enganados pela própria arrogância.

Os ataques com espadas, lanças e flechas não se mostraram eficazes, e não demorou para que a tropa se desconectasse e fosse enfraquecida pelos valdenses, que se defendiam com escudos e couraças feitas com peles de animais e cascas de árvores. As lanças e os dardos atirados pelo exército do papa, vindos de baixo para

---

164 JOURDAN, 1901, p. 19.

cima, não ameaçavam os valdenses, sequer os feriam. Por outro lado, o ataque dos valdenses era mais enfático e vigoroso, pois contavam com a vantagem do terreno e a força da gravidade a seu favor. Apenas no lugar chamado Rocciamaneout, entre Angrona e San Juan, a situação pareceu tornar-se favorável aos inimigos.

O combate apertou, ficou mais próximo e parecia encaminhar-se para um desastre. Crianças e mulheres gritavam por socorro e a vitória parecia duvidosa.

Mas, como ensinou o Pregador, "a arrogância precede a queda" (Pv 16.18b, NVT). Um dos líderes dos inimigos, chamado Negro de Mondoví por causa de sua cor de pele, bradou: "Os meus! Os meus vão dar a vocês a resposta." Lançou esse grito de guerra levantando "a viseira de seu capacete para dar a entender que não temia aquela gente", e no mesmo instante foi atingido por uma flecha que, pela força com que o feriu, jogou no chão "o novo Golias".

O golpe foi tão certeiro e oportuno que se procurou saber quem o havia disparado: o nome do jovem era Pedro Revel.[165] A tropa inimiga retrocedeu e finalmente abandonou o combate depois de muita luta. Os valdenses reuniram-se novamente no alto dos montes e oraram a Deus agradecendo pela vitória. A providência divina parecia ter cedido à confiança dos moradores dos vales mais uma vez.[166]

Na manhã seguinte, reorganizados, os inimigos tentaram atacá-los pela retaguarda. A nova expedição veio por outro caminho, procurando a costa do vale de Angrogna para alcançar Pra-del-Torno e surpreender os valdenses pelas costas. A falta de habilidade com a situação local, mais uma vez os colocou em severa desvantagem. Uma forte neblina os fez se perderem uns dos outros, resultando em novo avanço dos valdenses, que os puseram em fuga. Alguns acabaram escorregando nas rochas úmidas e despencando nos desfiladeiros.

Posteriormente, Cattaneo passou pelos alpes e repetiu a perseguição aos valdenses em Delfinato, fazendo grande estrago e matança. Contava com um batalhão de seiscentos homens quando invadiu o vale de San Martín. Ele e seu grupo foram avistados, de

---

165 JOURDAN, 1901, p. 21.
166 Ibidem, p. 22.

PERSEGUIÇÕES

modo que os valdenses se organizaram e partiram para a defesa na aldeia dos Pommiers. Os liderados por Cattaneo não pensavam em nada além do saque, quando foram atacados por todos os lados e pouca coisa puderam fazer. Fugiram por montanhas cujas armadilhas também desconheciam, e assim os valdenses novamente puderam permanecer em paz.

Após essas expedições, o duque de Saboia retirou suas tropas do vale e selou a paz com os valdenses, devolvendo-lhes os privilégios antigos. Realizou uma cerimônia para celebrar os novos tempos e pediu que fossem trazidos alguns moradores dos vales, "porque os católicos haviam divulgado entre as pessoas mais ignorantes que os filhos dos hereges tinham um olho no meio do rosto e quatro fileiras de dentes pretos e macios". Ao ver os primeiros valdenses pela primeira vez, o duque Carlos teria exclamado: "São as mais bonitas criaturas que já se tem visto."[167]

As comunidades subalpinas, sujeitas aos interditos papais, viram-se expostas às forças hostis do reino da França, de um lado, e do Ducado de Saboia, de outro. Os editos ordenavam que fossem banidos os seus ministros e professores, que evitassem a forma de adoração e os serviços e se voltassem para a tradição de Roma. As comunidades os rejeitaram e a fúria de Roma manifestou-se em forma de confiscos, prisões e execuções. Centenas pereceram em cadafalsos ou nas estacas. Os pobres vilarejos foram tomados por "oficiais de justiça" que os saquearam, lançando muitos na prisão até que os "perigosos fossem sufocados juntamente com as vítimas".[168]

Diferentes comunidades e populações valdenses estabelecidas nos vales mantiveram-se firmes em sua fé em processo de depuração enquanto a espada era uma ameaça aberta e constante. Tropas armadas eram enviadas para dizimar tais populações. As vilas próximas à planície estavam desertas, pois mulheres,

---

167 JOURDAN, 1901, p. 22-23.
168 GILLY, 1841, p. 28.

crianças, bebês e idosos foram procurar refúgio nas partes mais altas das montanhas, entre os rochedos, ou no interior das florestas. Homens e jovens que podiam pegar em armas, resistiram, lutando para defender o indefensável: a liberdade de cultuar a Deus com ritos e confissões próprias, que se apoiavam na mesma Palavra do evangelho.

Houve um tempo, em meados do século 16, em que havia tanta gente envolvida na fé entre os valdenses que a região dos vales no lado italiano ficou apertada, pelo que recorreram a novas terras e se estabeleceram ao sul da França, no Mérindol e Cabrières, além de colônias que foram fundadas na Calabria. Pode ser esse o período que Justo Gonzalez identifica como o que abriu oportunidade para uma leve aproximação com o calvinismo, levando-os, segundo o autor, a adotar essa forma de Cristianismo.[169]

Os senhores dos castelos doaram grandes extensões de terra para serem cultivadas, de modo que os valdenses prosperaram muito com o negócio. O que parecia ser um final feliz mostrou-se uma trama de terror e morte. Os inimigos estavam à espreita e, em ocasião oportuna, armaram-se contra os valdenses e os expulsaram, os perseguiram e os queimaram vivos, "de modo que a luz do evangelho foi apagada naquelas comarcas". Por meio de torturas e execuções, o número de pessoas mortas chegou a cerca de quinze mil, além dos que foram dispersos. Desse modo, o nome dos valdenses desapareceu daqueles lugares.[170]

Entre 23 e 24 de agosto de 1572, ocorreu a Noite (ou o Massacre) de São Bartolomeu, na França, contra os reformados – uma revolta que refletiu por toda parte na Europa. Castrocaro, que foi coronel toscano e serviu com o conde de Trinidad contra os valdenses, aproveitou a ocasião para ameaçar de extermínio

---

169 GONZALEZ, 2004, p. 181. Gonzalez fala de "um paralelo aproximado entre o impulso original dos valdenses no século 12 e o dos Franciscanos no século 13".
170 JOURDAN, 1901, p. 30.

os valdenses. Ele dizia: "Se pereceram setenta mil huguenotes na França, como poderiam sobreviver um punhado de hereges?"

Novamente, sentindo-se ameaçados, os valdenses trataram de se esconder nas partes mais inacessíveis das montanhas com suas famílias e prepararam-se para um possível enfrentamento. O príncipe protestante da Alemanha, "Elector Palatino", havia intercedido pelos valdenses junto ao duque, que, vendo o estado de horror que se apoderara da Europa em função da carnificina em São Bartolomeu, garantiu aos valdenses que a mesma atrocidade não se repetiria em seus territórios contra eles, e que poderiam voltar às suas habitações.

Entretanto, os frades queriam encontrar ocasião para humilhar os valdenses publicamente e passaram a desafiá-los a um debate. Um missionário jesuíta chamado Vannini desafiava assim os pastores valdenses: "Que se apresentem os hereges, esses falsos profetas, obreiros da iniquidade. Mas não venham para não serem envergonhados!" Um pastor valdense, do vilarejo de San Juan, retrucou: "Não é com injúrias que se conhece quem tem razão.

Se quiser discutir seriamente comigo, como convém a teólogos, marque um dia e não fugirei."

A data foi marcada para um domingo,[171] mas Vannini, o jesuíta, em vez de ir ao encontro, imaginou que acharia as igrejas sem pastores e poderia falar diretamente ao povo. Chegando a Villar [Pellice],[172] nos arredores de Turin, foi surpreendido com a presença do pastor local que, após indagar o motivo de Vannini não estar em San Juan, se prontificou a substituir o pastor no debate. Envergonhado, o frade retirou-se, mas na mesma noite orquestrou o sequestro do filho do pastor de Torre, Gille de los Gilles. O jovem foi embarcado em um navio das missões católicas para as Índias Orientais e nunca mais seus pais ouviram falar a respeito dele. "Não era o primeiro sequestro de garotos valdenses, nem desgraçadamente o último."

Em Pramollo, a Reforma também chegou aos ritos católicos. Um exemplo de como aconteceram as aberturas para que o povo pudesse ter acesso ao conhecimento provido pelos valdenses se deu num domingo, quando o pastor de San Germano, Francisco Guérin, chegou ao vilarejo e entrou na igreja durante a celebração da missa. Ao fim da cerimônia, o pastor procurou o pároco e lhe perguntou se havia celebrado a missa. Ao ouvir que sim, o pastor perguntou, em latim: *"Quid est missa?"* O pároco não soube responder, e o pastor repetiu a pergunta na língua do povo: "Que é a missa?" O silêncio do lado católico persistiu.

Então o pastor subiu ao púlpito e começou a pregar contra a missa e o papa, dizendo:

> "Oh! Pobre gente! Tens aqui um homem que não sabe o que faz; todos os dias reza a missa e não sabe o que é.

---

171 JOURDAN, 1901, p. 37.
172 Torre Pellice foi a capital dos Vales, onde a Faculdade de Teologia valdense esteve estabelecida até 1861, quando foi transferida para Florença e depois para Roma (BEZERRA CARVALHO, 2019, p. 40).

PERSEGUIÇÕES

Pronuncia palavras que nem vocês entendem. Tem aqui a Bíblia, ouçam a palavra de Deus". E uma testemunha acrescentou que "ele foi capaz de dizer tantas coisas mais que agora, naquela terra, não há mais nem sacerdote nem missa. Todos se converteram ao Evangelho e pediram um pastor, e desde aquele tempo Pramollo passou a fazer parte da Igreja Valdense.[173]

Castrocaro tentou seguir com sua obstinação contra os valdenses, fazendo intrigas junto ao duque, afirmando que os valdenses haviam se fortificado e levantado muros altos em torno de suas vilas para não mais se submeterem a nenhuma autoridade. Mas o duque enviou um comissário e constatou que era uma conspiração de Castrocaro. Este, tendo seu poder local bastante aumentado, havia enriquecido e vivia encastelado, desfrutando de uma vida de luxo e excessos. O duque solicitou que ele viesse a uma audiência em Turin, mas Castrocaro não compareceu. Diante das notícias da conduta do governador, o conde de Luserna foi enviado para conduzi-lo à força para Turin. Seus bens foram confiscados e apenas a família recebeu uma pequena mesada para que pudesse se sustentar. Castrocaro morreu no cárcere.[174]

A história dos valdenses desde 1560 até próximo ao século 18 "é uma narrativa de batalhas sangrentas pela existência, com poucos intervalos de repouso".[175] É de admirar a persistência e o vigor na alma dessa comunidade, uma força que é demonstrada apenas por aqueles que mantêm uma fé pela qual valha perder a vida.

"Se as igrejas dos vales tiveram uma pausa no sofrimento sob um reinado, foram levadas ao desespero em outro." Assim, parte da história dos valdenses pode ser contada associando uma

---

173 JOURDAN, 1901, p. 39.
174 JOURDAN, 1901, p. 38.
175 GILLY, 1841, p. 28.

perseguição a outra, de modo que "os anos de 1565, 1573, 1581, 1583 e o período entre 1591 e 1594, são memoráveis em conflitos civis e religiosos".

Nos anos seguintes, houve alternância no humor do duque de Saboia. Em 1595, ele se mostrou favorável às questões dos protestantes; em 1596 e 1597, ele os perseguiu. A mesma alternância no estado de espírito ocorreu entre 1602 e 1620, com uma série de editos, ora ameaçando, ora dando indulgência, de modo que os valdenses viveram em constante sensação de suspeição, até que "em 1640, a nomeação de um enviado inglês lançou um lampejo de esperança de transição sobre esse povo aflito", que logo em seguida foi obscurecido por intensa perseguição que repetiria a já ocorrida em 1560, "com as forças armadas obstinadas a impor a destruição do edito de 1655".[176]

O ano de 1655 poderia ter entrado para a história como o marco da extinção dos valdenses. Mas a Inglaterra já havia percorrido um trecho fora do alcance de Roma, após rompimento no caso do rei Henrique VIII, e o protestantismo em geral já ocupava amplo espaço, a ponto de organizar-se para uma defesa mais consistente. Sendo assim, as forças protestantes da Europa intervieram, especialmente a Inglaterra, cujo comandante, Oliver Cromwell, se posicionou em favor dos valdenses, tornando-se seu "protetor".

Mesmo essa proteção logo foi seguida pelo reflexo das ambições de Vítor Amadeu, o jovem duque de Saboia, que, em 1686, "instigado pelas cortes da França e de Roma", além das ambições próprias, insistiu no envio de tropas para os vales de Lucerna, Perosa e San Martino a fim de compelir os habitantes a sair em massa. Durante três anos e meio, a prática da fé cristã, no modo valdense, cessou no Piemonte. E teria se extinguido se, três anos depois do início da operação, em 1689, oitocentos exilados não

---

176 GILLY, 1841, p. 29.

tivessem voltado ao local de suas antigas habitações nas montanhas para cobrar seus direitos. Embora em meio a diversos incidentes, seus esforços foram coroados de êxito.

Oliver Cromwell

Nesse ambiente de hostilidades, uma rusga entre Vítor Amadeu II (duque de Saboia) e Luís XIV (rei da França) induziu Vitor Amadeu a dar o seu favor ao "bando heroico" e a seus súditos protestantes dispersos. Luís XIV alegou que até então eles tinham sido inimigos por culpa de terceiros, mais do que por incompatibilidade, e que deveriam se tornar aliados.

Essa repentina e feliz guinada foi marcada pela celebração de tratados entre os governos inglês e piemontês, nos reinados de William III e Rainha Anne, tratados cujos artigos previam garantia de segurança e de culto aos valdenses, com o exercício de sua religião, sem perturbação, dentro de limites territoriais determinados.[177] Desde esse período em diante, em função de tais acordos formais, a Grã-Bretanha foi habilitada a intervir nos assuntos dos valdenses no Piemonte para proteção de suas populações, bem como de suas igrejas. Assim haveria de ter descanso entre eles.[178]

---

177 O Tratado de Londres estabeleceu, entre outras coisas, que Vítor Amadeu II, de Saboia, cedesse o Reino da Sicília à Áustria em troca da Sardenha. Para atender o Tratado de Londres, foi assinado em Haia, em 8 de agosto de 1720, o acordo que sancionava a passagem do Reino de Sardenha aos Saboia.
178 GILLY, 1841, p. 30.

PERSEGUIÇÕES

William Stephen Gilly acredita que se o governo britânico não tivesse sido insistente em sua boa vontade, ou se os próprios britânicos se "mostrassem indiferentes aos desejos morais e espirituais desta comunidade empobrecida", a liberdade religiosa desfrutada nos vales e a sua própria candeia, "irradiando da pequena igreja das montanhas teria sido extinta para sempre". Mas nem tudo saiu como se poderia imaginar.

Os erros dos valdenses ainda não estavam no fim, e seus soberanos, sob seu novo título de reis da Sardenha, esqueceram de ser generosos e justos. Uma e outra vez, esses sofredores tiveram que lutar não só contra a opressão absoluta. Por um ato de violência aberta, o vale de Pragela foi elaborado em conformidade com Roma, no ano de 1727, sob a pretensão diplomática de que esta região não estava incluída nas fronteiras. O embaixador inglês para Turim relembrou e exortou os compromissos sagrados com tolerância e segurança garantidas aos protestantes do Piemonte,

mas ele não foi apoiado adequadamente por seu governo no ambiente doméstico e os objetos de sua simpatia gritaram em vão.[179]

Durante o império de Napoleão (1799–1815), os valdenses desfrutaram direitos iguais e privilégios comuns aos demais indivíduos. Na época, o poder imperial da Europa estava sobre Córsega (diz-se que tinham "coroa de ferro italiana" na cabeça). Mas apenas quatro dias após a anexação da casa de Saboia ao Reino da Sardenha, assim que houve a posse no Palácio Real de Turin, os direitos de igualdade desfrutados pelos valdenses foram removidos e, consequentemente, a parca consideração que desfrutavam desvaneceu-se, fazendo-os voltar ao estado anterior.

Em 1832, as medidas ameaçadoras do duque de Saboia chegaram a um ponto tão elevado que o Parlamento britânico interveio na causa entre os Saboia e o rei da Sardenha, Charles Albert, a ponto de a Câmara dos Comuns ordenarem a impressão de porções dos tratados feito entre as partes. O rei conseguiu demonstrar favores realizados na direção dos valdenses, mas a força da mitra e da tiara católica era mais influente que a coroa em Piemonte.[180]

A forma da autoridade papal empenhada em setembro de 1837 encurralou o rei, ainda relutante, por meio de dois artigos no novo código legal da Sardenha. Neles, os editos considerados intolerantes, firmados nos séculos 16 e 17, foram renovados e a força da hierarquia romana recobrou sua presença na região. Algumas das medidas tomadas foram: proibir a aquisição de terras além de certos limites; proibir o exercício de algumas profissões; proibir

---

179 GILLY, 1841, p. 31.
180 GILLY, 1841, p. 32.

PERSEGUIÇÕES

o evangelismo[181] ou proibir oposição à conversão de protestantes evangelizados por católicos; impedir que filhos levados para hospitais e conventos católicos fossem devolvidos; e proibir o aumento de ministros religiosos, mesmo em seus próprios vales.

O próximo passo na articulação católica para esmagar a presença valdense em seus domínios foi aproximar a cooperação da "rica ordem de S. Maurício e S. Lázaro", que contribuíram com grandes somas de dinheiro anualmente para o estabelecimento de uma "fraternidade missionária de sacerdotes em La Tour". Sua função era catequisar os descendentes de um grupo que jamais havia se debandado da fé cristã; antes, fora alvo e vítima da máquina romana que lançava mão de artifícios infames contra eles.

Os valdenses eram ensinados em três idiomas até receberem a educação formal. Italiano era a língua nacional; um dialeto provinciano era falado na região ocupada por eles e a língua utilizada na instrução era o francês, de modo que poderiam ter acesso a obras diversas, produzidas e utilizadas pelos protestantes de outras localidades. Era, de fato, uma comunidade que se aculturou, não no sentido que a antropologia dá ao termo hoje em dia.

A respeito da tradução providenciada e patrocinada por Pedro Valdo, Pierre Chaunu fez considerações sobre o aspecto temporal das línguas naquele tempo. Para Chaunu, a estrutura fixa das línguas como as conhecemos era praticamente inexistente; elas fundiam-se e situavam-se "num estado de absoluta fluidez", não havendo uma delimitação clara e sistemática do que se falava entre um local e outro. Outro problema estabelecido era a flexibilização ocorrida à medida que essa tradução era realizada para a "linguagem de todos os dias".[182]

---

181 "Era uma velha lei entre eles que todos os que fossem ordenados em sua Igreja deviam, antes de serem elegíveis para um cargo na sua igreja, servir três anos no campo missionário. [...] Saíam dois a dois, ocultando seu caráter real sob o disfarce de uma profissão secular, comumente como comerciantes e feirantes. Levavam sedas, joias e outros artigos, que nesse tempo não eram facilmente compráveis em mercados distantes, e [desse modo] eram bem recebidos como negociantes onde teriam sido repelidos como missionários" (WYLIE, 1860, p. 14).
182 CHAUNU, 1975, p. 210.

"A resistência dos clérigos ao empreendimento valdense — é importante reconhecê-lo — não é inteiramente, nem sequer principalmente, comandada por uma reação instintiva de recusa e de desprezo em relação aos laicos."[183] A resistência se deu pela longa construção sobre a qual a *Sacra Doctrina* estava apoiada, passando pelo quádruplo sentido das Escrituras, até alcançar o pleno florescimento da escolástica em 1180.[184] Para Chaunu, o impedimento consiste em como conciliar, "nestas condições, a circulação de um texto em língua vulgar".

Sabemos da existência de uma tradução do Novo Testamento da Vulgata para o dialeto Piemonte (Piemontano-provençal), para uso dos moradores do vale. A tradução foi aprovada por um censor e introduzida com a permissão real. A biblioteca de Grenobla, França, atestou a existência e veracidade de uma cópia das Escrituras na língua dos valdenses. O bibliotecário responsável pela correspondência foi Monsieur Ducoin (carta datada de 3.12.1840), que acreditou que o manuscrito fosse do século 13. O manuscrito continha os quatro Evangelhos, Atos, todas as epístolas de Paulo, a de Tiago, Pedro, Apocalipse, Provérbios, Eclesiastes, Sabedoria, Eclesiástico e Cântico de Salomão.

Mas em 27 de dezembro de 1840, a *Turin Gazette* (ed. 297) publicou a seguinte ordem: "Por decreto da sagrada congregação, está condenada e proibida a tradução do Novo Testamento de Nosso Senhor Jesus Cristo para a língua Piemonte".

A autoridade (e a autorização) do rei da Sardenha (Charles Albert) foram suplantadas por uma autoridade estrangeira, que também vedava a publicação de qualquer outro tipo de manuscrito em outra região para uso no Piemonte, sem que fosse submetido à censura de Turin, cuja aprovação seria realizada debaixo de um conselho inteiramente católico-romano.

---

183 CHAUNU, 1975, p. 211.
184 CHAUNU, 1975, p. 211.

PERSEGUIÇÕES

Os protestantes ingleses não estavam alheios às condições de seus irmãos no vale de Piemonte; portanto, desde 1825, diversos fundos destinados à propagação do evangelho no exterior foram direcionados para auxílio aos clérigos, para prover hospitais e escolas entre os valdenses, bem como atender a seus interesses.

Na década de 1840, os valdenses eram um pequeno número de fiéis confinados nos limites de um território que produzia o necessário apenas para a subsistência da população reduzida. Mas, no ano de 1848, houve uma vitória esplendorosa, sobre a qual consideraremos as palavras de J. A. Wylie (1808–1890), suficientes para descrevê-la:

> Recentes eventos na Europa trouxeram os valdenses à proeminência, e lançaram uma nova luz na grandeza de suas lutas e nos assuntos importantes e duradouros que fluíram disto. Para eles, de uma maneira muito particular, traçamos as liberdades constitucionais que a Itália a esta hora desfruta. No significativo ano de 1848, quando *uma nova constituição estava sendo moldada para o Piemonte, os valdenses tornaram claro para o governo que não haveria nenhum lugar para eles dentro das linhas daquela constituição, a menos que abraçasse o grande princípio de liberdade de consciência.* Para este princípio, eles tinham batalhado durante quinhentos anos, e [com] nada menos disto eles poderiam concordar, como uma base de determinação nacional, convencidos estavam [de] que qualquer outra garantia das suas liberdades seria ilusória. *A sua demanda foi concedida: o princípio de liberdade de consciência — a raiz de toda a liberdade — encarnou na nova constituição, e assim os habitantes do Piemonte compartilharam igualmente com os valdenses em um benefício que as lutas mais recentes tinham sido principalmente úteis em garantir.* Não só assim: no decorrer do tempo, a constituição de Piemonte

foi estendida ao resto da Itália, e a nação italiana inteira até hoje compartilha dos frutos que vieram da labuta, do sangue, da fé firme, e da devoção heroica dos valdenses. Nem a sua obra terminou ainda. Eles entenderam o fim para o qual foram preservados por tantas eras de escuridão e conflitos, e *se lançaram energicamente na evangelização da Itália moderna*, e indubitavelmente estes crentes antigos são destinados a ganhar, na terra onde eles suportaram tantas dores tenebrosas, não poucos triunfos brilhantes [...] (WYLIE, 1860, do prefácio, grifo do autor).

JUNTOS, COMO TESTEMUNHAS

*Portanto, também nós, uma vez que estamos ro-
deados por tão grande nuvem de testemunhas,
livremo-nos de tudo o que nos atrapalha e do
pecado que nos envolve, e corramos com perseverança a corrida que nos é proposta, tendo
os olhos fitos em Jesus, autor e consumador da
nossa fé.*

Hebreus 12.1-2

O capítulo 11 da epístola aos Hebreus enumera uma lista de gigantes da fé, que foram usados por Deus para
transmitir suas experiências com o Senhor às gerações
seguintes. O capítulo 12 começa mostrando que eles
formaram uma "nuvem de testemunhas", entre os quais — além de
muitos outros — estão os valdenses, legando-nos as duras vivên-
cias pelas quais passaram.

Desde o século 3, no Egito, ascetas como Antônio ou Antão
(250 a 356 d.C.), Pacômio e Simão Estilita, além de outros tidos
como os primeiros pais ou padres do deserto, iniciaram um movimento de afastamento da sociedade, com vistas a uma busca espiritual mais intensa, longe do sistema eclesiástico, que começava a
dar os primeiros sinais de enrijecimento e esfriamento espiritual.
Os séculos passaram e até mesmo esse sistema de "protesto" contra a ordem hierárquica formal assumiu, ele mesmo, suas próprias

estruturas viciadas, quando mosteiros deixaram de ser refúgios e centros de excelência para dar lugar a um espírito de arrogância e vaidade intelectual.

Como vimos, a Igreja nunca deixou de ter seus "inconformados", seja de modo individual ou coletivo, por meio de movimentos como o dos valdenses. Hoje, as igrejas valdenses na Itália são numerosas e as estatísticas revelam que há uma parcela significativa da população do país professando essa tradição cristã. No total, na Itália, existem cerca de trinta mil membros e 120 igrejas valdenses. Outro importante núcleo valdense está atualmente situado na América do Sul, sobretudo entre o Uruguai e a Argentina, onde residem cerca de quinze mil fiéis. Ali, as igrejas valdenses estão organizadas na Iglesia Evangelica del Rio de la Plata.[185] Isso demonstra que toda a luta e a resistência diante das perseguições, os inúmeros martírios e as difamações valeram a pena.

Num sentido, a história dos valdenses se constitui num microcosmo de toda a Igreja, ao reunir, nas características de um pequeno grupo, as idiossincrasias, os dilemas, os enfrentamentos, a má compreensão dos de fora, mas também a perseverança, a consciência cristã, o compromisso com os valores do evangelho e tantas outras virtudes como vimos anteriormente.

É razoável que, no calor dos acontecimentos, parte da população ao redor das comunidades valdenses não tivesse compreendido os ideais e a razão da luta que empreenderam. Como dissemos no início, até hoje os livros de história, e lamentavelmente as produções de autores protestantes, não lançaram um olhar mais detido e com espírito crítico sobre todo o cenário onde esses acontecimentos se deram, nem sobre as demandas pelas quais aquelas comunidades vulneráveis empenharam a própria vida.

---

185 Disponível em: https://www.valdesidicalabria.org/la-comunita-valdese-oggi/. Acesso em 10.12.2021.

JUNTOS, COMO TESTEMUNHAS

Sentimo-nos realizados por poder dar voz a um grupo tão inspirador e disponibilizar ao leitor brasileiro uma narrativa documentada daquilo que realmente é a história dos valdenses — um grupo que antecipou em pelo menos trezentos anos muitos dos valores, princípios e posicionamentos que há mais de cinco séculos vêm sendo celebrados por protestantes de todo o mundo, sem que estes reconheçam a sua legítima parcela de contribuição. Ainda que limitados pela geografia dos alpes, sem muito contato com outros pré-reformadores e grupos pré-reformistas, os valdenses se tornaram vanguarda na crítica ao catolicismo medieval e lançaram-se ao empreendimento da renovação (ou reforma) daqueles valores estranhos à Palavra de Deus.

Que esta história inspiradora seja uma motivação constante para buscarmos o frescor da fragrância de Cristo no seio da Igreja brasileira, ao mesmo tempo que nos fortaleça o espírito para nunca permitirmos que estruturas e costumes pesados, que não deixam as pessoas caminharem em paz com Cristo, sejam impedimento para aqueles que querem entrar no Reino de Deus.

> Ai de vocês, mestres da lei e fariseus, hipócritas! Vocês fecham o Reino dos céus diante dos homens! Vocês mesmos não entram, nem deixam entrar aqueles que gostariam de fazê-lo (Mt 23.13).

REFERÊNCIAS BIBLIOGRÁFICAS

BEZERRA CARVALHO, Marcone (org.). *Combates pela história religiosa: reforma e protestantismo na visão de Émile Leonard*. Trad. Samara Geske, col. Fundamentos Cristãos, v. 7. São Paulo: Ed. Mackenzie, 2019.

CHAUNU, Pierre. *O tempo das Reformas (1250–1550)*: história religiosa e sistema de civilização. V. I, A crise da Cristandade, trad. Cristina Diamantino. Lisboa: Edições 70, 1975.

COMBA, Ernesto. *La historia de los valdenses*. Trad. Levy Tron e Daniel Bonjour. Barcelona: Clie, 1987.

DEANESLY, Margareth. *História da Igreja Medieval de 590 a 1500*. São Paulo: Custom, 2004.

ESTEP, William R. *A história dos anabatistas, uma introdução ao anabatismo do século XVI*. 3ª ed. revisada e ampliada. Monte Sião: LMS, 2017.

GARNETT, Margaret Elizabeth. *The longed-for Place, Seawulf and Twelfth-Century Pilgrimage to the Holy Land*. Williamsburg, Virginia, 2000.

GEORGE, Timothy. *Teologia dos Reformadores*. São Paulo: Edições Vida Nova, 1994.

GILLY, W. S. *Valdenses, Valdo, and Vigilantius*, being the articles under these heads in the seventh edition of The Enciclopaedia Britannica. Edinburgh: Adam and Charles Black, 1841.

GONZALEZ, Justo L. *A era dos altos ideais*. V. 4, col. Uma História do Cristianismo. São Paulo: Vida Nova, 1981.

GONZALEZ, Justo L. *Uma história do pensamento cristão, de Agostinho às vésperas da Reforma*. V. 2. São Paulo: Cultura Cristã, 2004.

HILLENBRAND, Carole. *The Crusades: Islamic Perspectives*. New York: Routledge, 2000.

HINSON, E. Glenn; SIEPIERSKI, Paulo. *Vozes do Cristianismo primitivo:* O Cristianismo como movimento que celebra sua unidade na diversidade, feito por indivíduos comuns, rumo à institucionalização. 2ª ed. rev. São Paulo: Arte Editorial, 2010.

HYATT, Eddie. *2000 anos de cristianismo carismático*. Natal: Editora Carisma, 2021.

JOURDAN, Luis. *Compendio de Historia de los Valdenses*. Contiene una relación detallada de sus colonias en América y numerosos grabados. Colonia-Valdense (Uruguay): Tipografia Claudiana, 1901.

LINDBERG, Carter. *História da Reforma Protestante*. Rio de Janeiro: Thomas Nelson, 2017.

LIVNE-KAFRI, Ofer. *The Muslim Traditions 'In Praise of Jerusalem'*

REFERÊNCIAS BIBLIOGRÁFICAS

(*Fada'il al-Quds*): diversity and complexity. Ann. Inst. Univ. Orient. 58:1-2 1998, p 165-192.

PIOLI, J. Javier. "Iglesia valdense en el Río de la PLata: de la nostálgica diáspora al sendero próprio". In BEZERRA CARVALHO, Marcone; RICÁRDEZ FRÍAS, Rosana (Eds.). *Rostros del calvinismo en América Latina. Presbiterianos, reformados, congregacionales y valdenses*. Santiago de Chile: Mediador Ediciones y Primera Ediciones, 2021.

SEAWULF (1102, 1103 d.C.). Trad. J. Canon Brownlow. In The Library of the Palestine Pilgrims' Text Society. London: Palestine Pilgrims' Text Society, 1892.

SHELLEY, Bruce L. *História do Cristianismo ao alcance de todos*: uma narrativa do desenvolvimento da Igreja Cristã através dos séculos. São Paulo: Shedd Publicações, 2004.

SMEETON, Donald D. *A Igreja*: Do Pentecostes à Reforma. Missouri: Global University, 2003.

STEWART, Aubrey (trad.). *Anonymous Pilgrims, I-VIII (11th and 12th centuries)*. London: Palestine Pilgrims' Text Society, 1894.

SUANA, Marta. *História da Igreja*: a trajetória do Cristianismo desde a sua fundação até nossos dias. IBAD: Pindamonhangaba, 2008.

THOMÉ, Laura Maria Silva. *Da ortodoxia à heresia*: os valdenses (1170–1215). Dissertação apresentada ao Departamento de História. Curitiba: Universidade Federal do Paraná, 2004.

VANDERLINDE, Tarcísio. *A guerra dos camponeses: a mediação de Lutero em discussão*. Artigo produzido no âmbito do Grupo de Pesquisa "Cultura, Fronteiras e Desenvolvimento Regional" (CNPq). S/l: s/d.

WYLIE, J. A. *A história dos valdenses*. London: Cassell and Company, 1860.

Esta obra foi impressa no Brasil e conta com a
qualidade de impressão e acabamento
Geográfica Editora.

Printed in Brazil.